USO

de la gramática española

avanzado

Francisca Castro

edelsa

GRUPO DIDASCALIA, S.A.

Plaza Ciudad de Salta, 3 - 28043 MADRID - (ESPAÑA)
TEL: (34) 914.165.511 - FAX: (34) 914.165.411

Primera edición: 1997
Primera reimpresión: 1998
Segunda reimpresión: 1999
Tercera reimpresión: 2000
Cuarta reimpresión: 2000
Quinta reimpresión: 2001
Sexta reimpresión: 2002

Dirección y coordinación editorial: Pilar Jiménez Gazapo.
Adjunta a dirección y coordinación editorial: Ana Calle Fernández.

Diseño de cubierta y maquetación:
Departamento de Imagen Edelsa Grupo Didascalia, S.A.
Director Departamento de Imagen y Producción: Rafael García-Gil.

Ilustraciones: Antonio Martín Esteban.
Fotomecánica y fotocomposición: Crisol, S. L.
Impresión: Pimakius.
Encuadernación: Perellón.

I.S.B.N.: 84.7711-135-9
Depósito legal: M-41159-2002
Impreso en España.
Printed in Spain

La organización general de **Uso de la gramática española** es la del *syllabus* gramatical con el que los manuales de E.L.E. suelen articular la progresión del aprendizaje en sus diferentes niveles.

Su objetivo es dar a la gramática la importancia que tiene como medio para obtener competencia lingüística y, al tiempo, mayor confianza a la hora de comunicar.

Los 22 temas de **Uso de la gramática española** -*nivel avanzado*- presentan toda la gramática necesaria para un tercer año de español y la trabajan en una serie de ejercicios sistemáticos y graduados.

Cada tema tiene las siguientes partes:

Observe y **Forma**, que presentan los puntos gramaticales con ilustraciones y esquemas. De este modo, fundamentalmente visual, se recibe una información global, clara y esquemática que servirá como elemento de consulta rápida en cualquier momento del aprendizaje.

Uso, que explica las reglas esenciales de funcionamiento de los puntos gramaticales en situación de comunicación cotidiana, con el apoyo de numerosos ejemplos.

Se ha procurado que el lenguaje esté al alcance de todos los posibles usuarios. Por tanto, se ha utilizado sólo la terminología lingüística imprescindible y las explicaciones son muy sencillas en el léxico y en la estructura.

Ejercicios, que reúnen las siguientes características:
- diseño que permite trabajar primero la forma y a continuación su uso en el contexto de la frase,
- gradación que va desde las actividades controladas hasta las de producción libre y semilibre en el interior de los temas,
- selección de vocabulario en función de la rentabilidad, la adecuación al nivel y el incremento gradual para su asimilación fácil y completa

Uso de la gramática española se concibe como un material de trabajo activo, en el aula o en autoaprendizaje.

Como elementos que posibilitan la autonomía del aprendizaje, las páginas de ejercicios tienen espacios asignados para la autoevaluación: en el margen para la corrección de errores y a pie de página y a final de tema para el balance de aciertos.

Los iconos y indican ejercicios de práctica *libre* y *semilibre* respectivamente. Estos ejercicios no se incluyen en el número de aciertos de página y tema porque no tienen una solución fija.

Al final de la obra hay una serie de **Ejercicios complementarios sobre textos narrativos** cuyo objetivo es que el aprendiz practique de forma contextualizada los tiempos y modos de la narración.

La autora

USO

Índice

Tema		Pág.
	PRÓLOGO	3
1	LA PASIVA. EXPRESIÓN DE LA IMPERSONALIDAD	6
2	SER / ESTAR	12
3	EXPRESION DE LA CAUSA (PORQUE, COMO, YA QUE, QUE...)	18
4	LOS INDEFINIDOS Y CUANTITATIVOS (ALGO, ALGUIEN, NADIE, NADA, BASTANTE, DEMASIADO)	24
5	PRÁCTICA DE LAS ORACIONES FINALES (PARA QUE, CON EL FIN DE QUE, ETC.)	30
6	PRÁCTICA DE LAS ORACIONES DE RELATIVO	34
7	USO DE LAS PREPOSICIONES	40
8	USO DE VOLVERSE / QUEDARSE / PONERSE + ADJETIVO. HACERSE / LLEGAR A SER + ADJETIVO / NOMBRE, ETC.	46
9	INFINITIVO / SUBJUNTIVO CON VERBOS DE SENTIMIENTO, DESEO Y NECESIDAD (ALEGRARSE, GUSTAR, IMPORTAR, ENCANTAR, QUERER, ESPERAR, DESEAR...)	50
10	PRÁCTICA DE LAS ORACIONES CONDICIONALES (SI, EN CASO DE QUE, CON TAL DE QUE...)	56
11	PRÁCTICA DE LA COMPARACIÓN	62
12	PERÍFRASIS VERBALES (acabo de terminar, se ha puesto a llover, sigue lloviendo...)	66

avanzado

Tema		Pág.
13	PRÁCTICA DE LAS ORACIONES CONSECUTIVAS Y COMPARATIVAS	72
14	SER / ESTAR + ADJETIVO + QUE + INDICATIVO / SUBJUNTIVO (ESTÁ VISTO / CLARO / COMPROBADO..., ES NECESARIO / NORMAL / MEJOR...)	76
15	PRÁCTICA DE LAS ORACIONES TEMPORALES	82
16	INDICATIVO / SUBJUNTIVO CON VERBOS DE MANDATO, PROHIBICIÓN, RECOMENDACIÓN E INFORMACIÓN (SUGERIR, RECOMENDAR, ROGAR, PROHIBIR...) ESTILO INDIRECTO	88
17	PRONOMBRES PERSONALES	94
18	INDICATIVO / SUBJUNTIVO CON VERBOS DE ENTENDIMIENTO Y PERCEPCIÓN FÍSICA O INTELECTUAL (CREO / PIENSO / RECUERDO / SUPONGO / SIENTO QUE, ME HE DADO CUENTA DE QUE...)	100
19	ORACIONES CONCESIVAS (AUNQUE, A PESAR DE QUE, POR MUCHO / MÁS QUE...)	104
20	FORMACIÓN DE PALABRAS	110
21	EXPRESIONES IDIOMÁTICAS	116
22	ACENTUACIÓN	120
	Apéndice	128
	Ejercicios complementarios sobre textos narrativos	129

LA PASIVA. EXPRESIÓN DE LA IMPERSONALIDAD

Observe

El acueducto de Segovia **fue construido por los romanos** en el siglo I d. C.

1

PISCINA
3
— AVISO —
SE PROHÍBE EL BAÑO
EN LA PISCINA
"SIN GORRO"

2

ZOO-JARDÍN
SE CUIDAN ANIMALES
POR HORAS

3

Aquí **se han encontrado** huellas de dinosaurio

4

¡¿No os habéis enterado?! **¡Aplazan** el examen para el lunes!

5a

5b

forma

Voz PASIVA

Verbo SER + Participio + (POR + Sustantivo)

(yo)	soy / he sido / fui	
(tú)	eres / has sido / fuiste	
(él/ella/Vd.)	es / ha sido / fue	premiado/-a
(nosotros/-as)	somos / hemos sido / fuimos	premiados/-as
(vosotros/-as)	sois / habéis sido / fuisteis	
(ellos/-as/Vds.)	son / han sido / fueron	

IMPERSONALIDAD

a) **SE + Verbo en voz activa**

b) **Verbo en 3ª persona del plural**

USO

1. La **forma pasiva** se emplea principalmente en el lenguaje periodístico y en narraciones históricas:

> Ayer *fueron clausuradas* las III Jornadas de Gastronomía Castellano-Manchega.
> Este monasterio *fue construido* en el siglo XIV *por un rey cristiano*.

2. Para expresar que no interesa quién es el sujeto de la acción, tenemos en español otras formas:

a) **SE + verbo en voz activa**. Queremos expresar una generalización que incluye a todo el mundo, también al hablante:

> En España *se cena* muy tarde, a partir de las 10.
> Lo siento, señora, aquí *no se puede fumar*.

Estas construcciones pueden llevar un sujeto gramatical (en el mismo número que el verbo):

> Este año *se han vendido más naranjas* que nunca.

O ser completamente impersonales:

> Por este camino *se llega* al mar.

b) **Verbo en 3ª persona del plural**. Queremos expresar que existe un sujeto activo, pero no nos interesa especificar (o no podemos) cuál es:

> **Han llamado** de la tienda y **han dicho** que **vendrán** hoy a arreglar el vídeo.
> ¿Te has enterado de que nos **van a subir** el sueldo?
> Buenos días, ¿**encuadernan** libros antiguos?

En algunos casos es posible usar las dos formas:

> **Se dice** que **va a subir** el precio de la gasolina otra vez.
> **Dicen** que **va a subir** el precio de la gasolina otra vez.

ejercicios

correcciones

1. Complete estas noticias con el verbo SER + el Participio de uno de estos verbos.

detener	condenar	asaltar	hallar	premiar
aplazar	traducir	llevar	trasladar	clausurar

> Ej.: *1. Hoy ha sido clausurada en Sevilla la quinta edición de la Feria de Arte Antiguo.*

2. El culpable .... a veinte años de prisión.
3. El convoy que llevaba ayuda humanitaria .... ayer por los rebeldes.
4. .... tres presuntos terroristas por los sucesos del día 7.
5. La sede del Banco Español .... a otra ciudad.
6. Los detenidos .... a presencia del juez a las diez de la mañana de ayer.
7. Todos sus libros .... a varios idiomas.
8. .... el botín del robo perpetrado en el Museo de Ciencia-Ficción.
9. Esa película .... en el Festival de Valladolid de este año.
10. La reunión .... a causa del mal tiempo.

2. Siga el ejemplo.

> Ej.: *1. La Maja desnuda / pintar / Goya*
> *La Maja desnuda fue pintada por Goya.*

2. América / descubrir / Colón

aciertos___ / 10

3. Acueducto de Segovia / construir / romanos

4. *Romeo y Julieta* / escribir / Shakespeare

5. Penicilina / descubrir / Fleming

6. *Novena Sinfonía* / componer / Beethoven

7. *E.T.* / dirigir / Steven Spielberg

3. Las frases que siguen, aunque son correctas, no son habituales en español. Reescríbalas en la forma activa, con el verbo en la 3ª persona del plural.

> Ej.: *1. El culpable del robo ya ha sido encontrado.*
> *Ya han encontrado al culpable del robo.*

2. El ascensor ha sido arreglado hoy.

3. En este bar son preparados diariamente mil bocadillos de jamón.

4. Un nuevo centro comercial va a ser construido ahí.

5. El día y la hora del estreno han sido cambiados.

6. El mes pasado el precio de la gasolina fue subido dos veces.

7. Ahí es vendida una ropa rebajadísima.

4. Complete las frases siguientes con la forma SE + verbo en 3ª persona sing. / plural.

> Ej.: *1. El día 15 de abril se celebra el Día de la Independencia. (celebrar)*
> *2. Se arreglan bicicletas. (arreglar)*

3. El aceite español .... a todo el mundo. *(exportar)*
4. .... clases de piano. *(dar)*
5. ¿Es aquí donde .... un piso? *(alquilar)*
6. Cada día .... más coches extranjeros en la calle. *(ver)*
7. Ahí .... especialmente juguetes y muebles. *(fabricar)*
8. .... más gente para ese trabajo. *(necesitar)*

5. En las frases que siguen, escoja la forma que crea más adecuada:
   a) Verbo en 3ª persona del plural.
   b) SE + verbo en 3ª persona sing. / plural.

Ej.: *1. Perdone, señor, pero aquí no se permite entrar a los perros.*
(permitir)

2. Buenos días, ¿aquí .... guitarras? *(arreglar)*
3. A veces, en un país extranjero es difícil saber qué .... hacer
   y qué no .... hacer. *(poder, poder)*
4. En español no .... "Lo siento" cuando alguien te dice que
   está enfermo. *(decir)*
5. ¿Puede hablar más alto?, aquí no .... nada. *(oír)*
6. A Juan lo .... en el trabajo. *(ascender)*
7. Este palacio lo .... el siglo pasado. *(restaurar)*
8. Lo siento, pero en las rebajas no .... cambios. *(admitir)*
9. He preguntado en la Secretaría y me .... que el próximo
   lunes no habrá clase. *(decir)*
10. No .... qué va a pasar en las próximas elecciones. *(saber)*
11. A veces .... cosas que no son convenientes. *(decir)*
12. ¿Tú crees que la televisión es la causante de que .... menos
    libros? *(leer)*
13. Buenas tardes, ¿................. pantalones negros de cuero? *(tener)*
14. No, todavía no .... el informe que presenté la semana pasa-
    da. *(evaluar)*
15. Lo .... cuando salía del banco con el dinero. *(detener)*
16. Este tipo de calzado ya no .... mucho. *(fabricar)*
17. ¿Todavía no .... a arreglar el fax? *(venir)*
18. El mes pasado a mí me .... menos en la nómina. *(pagar)*

**6. Complete la siguiente receta de un postre español con los verbos del
recuadro en forma impersonal con SE.**

poner	colocar (3)	cortar	verter	batir	coger
dejar (2)	rebozar	poder	sacar	dar	

TORRIJAS

Ingredientes:

– *1 pan de torrijas (mejor comprado la víspera)*

– *3/4 de litro de leche hirviendo*

– *3 cucharadas soperas de azúcar*

– *2 ó 3 huevos*

– *1 litro de aceite*

– *azúcar molida para espolvorear.*

ejercicios

correcciones

Se corta la barra de pan en rodajas de un dedo de gruesas (2 cm.) y .... en una fuente un poco honda. .... la leche a calentar con las 3 cucharadas de azúcar y cuando está a punto de cocer .... sobre el pan. .... como una hora para que se empapen.

En un plato sopero .... 2 huevos como para una tortilla. En el momento de freír las torrijas, ... de una en una con una espumadera, ... en el huevo y .... en el aceite caliente. Cuando están doradas por un lado, ... les .... la vuelta con cuidado para que no se rompan. .... de la sartén y .... escurrir un poco.

.... en la fuente donde se vayan a servir, espolvoreándolas con azúcar. .... servir templadas o frías.

aciertos__ / 14

Observe

Buenos días ¿**es aquí** donde se alquila un piso?

Pero, abuelo, este jersey me **está muy grande**

1

2

forma

SER		ESTAR
obligatorio, -a, -os, -as	(in)justo, -a, -os, -as	aparcado, -a, -os, -as
aficionado, -a, -os, -as	(in)conveniente, -es	acostumbrado, -a, -os, -as
socialista, -as	(im)probable, -es	prohibido, -a, -os, -as
indiferente, -es	(in)necesario, -a, -os, -as	quieto, -a, -os, -as
famoso, -a, -os, -as	(in)voluntario, -a, -os, -as	muerto, -a, -os, -as
tímido, -a, -os, -as	(in)útil, -es	dormido, -a, -os, -as
similar, -es		convencido, -a, -os, -as
		satisfecho, -a, -os, -as

SER / ESTAR

claro, -a, -os, -as	oscuro, -a, -os, -as	limpio, -a, -os, -as	tranquilo, -a, -os, -as
fuerte, -es	sucio, -a, -os, -as	verde, -es	aburrido, -a, -os, -as
grande, -es	despierto, -a, -os, -as	listo, -a, -os, -as	frío, -a, -os, -as
delicado, -a, -os, -as	vago, -a, -os, -as	parado, -a, -os, -as	ancho, -a, -os, -as
ansioso, -a, -os, -as	peor, -es		

···· USO ··

SER

1. El verbo **ser** nos sirve para definir e identificar cosas y personas:
> *Lo que le han hecho a Ernesto **no es justo**.*
> *Sus abuelos **son católicos y socialistas**.*
> *Aquélla **es la protagonista** de la película.*

2. Para informar del lugar y la fecha de una celebración:
> *A. ¿Sabes **dónde es** la conferencia del Dr. Cariñena?*
> *B. Creo que **es en el Aula 6.6**.*

3. Por su valor descriptivo, se usa en múltiples expresiones valorativas:
> ***Ser (alguien) un caradura, un buen partido, un hueso, un fresco, un desastre, un encanto, un plomo**.*

ESTAR

1. Con el verbo **estar** podemos hablar del estado de ánimo de las personas o del estado de las cosas:
> *A. ¿Tú sabes qué le pasa a Elena?*
> *B. Sí, **está preocupada** por las noticias de las inundaciones en Levante.*
> *Agustín, tienes que ordenar el sótano, **está muy desordenado**.*

2. Acompaña al **Gerundio** para formar una perífrasis que expresa la acción en su desarrollo:
> ***Estábamos saliendo** de casa cuando nos llamaron del hospital.*

3. Con nombres de profesiones, indica que se desarrolla esa actividad con carácter más o menos temporal:
> *Su novio es profesor, pero ahora **está de jardinero**.*

4. Se usa en expresiones de carácter modal:
> ***Estar de guardia, por las nubes, de moda, de suerte, de broma, que trina**.*

SER / ESTAR

1. En general, podemos decir que, con el mismo adjetivo, usamos **estar** para hablar de algo temporal y **ser** para hablar de una cualidad inherente:
> *Mi tío ya **no es joven**, pero **está muy joven**.*

2. Sin embargo, se pueden observar cambios en el significado de los adjetivos, según se utilicen con un verbo u otro. Observe los ejemplos:
> *El aceite de oliva **es muy bueno** para la prevención de las cardiopatías.*
> *Este aceite de oliva **está muy bueno**, ¿dónde lo has comprado?*

*13 uso **avanzado***

*No me gusta nada esta película, **es muy aburrida**.*
*Como **estábamos aburridos**, nos fuimos a dar una vuelta.*

*Esta blusa me gusta, **es ancha**.*
*Esta blusa no me gusta, **me está ancha**.*

ejercicios

1. Complete las frases siguientes con una forma del verbo SER o ESTAR, según corresponda.

   Ej.: *1. A. ¿Y tu madre?*
        B. Parece que está mejor desde que la vio el médico.

2. Mi mejor compañía .... la soledad.
3. La reunión .... en el aula 8, el lunes próximo.
4. ¿Qué .... pasando aquí?
5. ¿Dónde .... el accidente?
6. Desde que tú .... conmigo, mi vida .... distinta.
7. Esta niña .... un diablo.
8. ¿Qué .... de aquel novio que tuviste hace años?
9. A. ¿Qué hace Estrella?
   B. .... de directora de una sucursal del Banco Español.
10. Dijo que no .... dispuesta a seguir aguantando tonterías.
11. David Sanz .... el mejor lanzador de jabalina del mundo.
12. Yo creo que tú .... mejor con el pelo corto.
13. No lo esperes, porque no .... seguro que venga.
14. ¿Vdes. .... de la empresa de mi mujer?
15. Estos bolígrafos no .... de la misma calidad que los otros.
16. No te preocupes por el coche, ... asegurado.
17. ¿Tú crees que este sistema de encendido del gas .... bastante seguro?
18. Cállate, ... mejor que no digas nada.
19. Vengan rápido, por favor, ... un asunto de vida o muerte.
20. No te tomes ese café, ... frío.
21. No .... loco, hace mucho frío para bañarse en la piscina.
22. Jimena .... muy grave, pero espero que se recupere.
23. Doctor, ¿Vd. cree que lo de mi hermano .... grave?
24. Por favor, no hagas eso, ... una locura.
25. Si no .... satisfecho con su compra, le devolvemos su dinero.
26. Pepe .... bastante maniático, nada le parece bien.
27. La mayoría de la gente .... concentrada en la plaza del pueblo.
28. ¿ .... seguros de que ella vive aquí?
29. María hoy .... más trabajadora que de costumbre.
30. Juan .... ansioso por saber si aprobará o no.

aciertos__ / 30

ejercicios

correcciones

2. En las frases siguientes, hay seis incorrectas. Señálelas y corríjalas.

Ej.: *1. Mamá, la sopa es fría. Incorrecta.*
Mamá, la sopa está fría.

2. Este jersey no me queda bien, me está estrecho.

3. La boda de mi hermano está el domingo próximo en el Restaurante Miramar.

4. El mar estaba a pocos kilómetros de allí.

5. Esta película está muy buena.

6. Su cumpleaños está en diciembre.

7. Allí es donde vive Jacinto.

8. ¿De cuándo es ese periódico?

9. Las lentejas están muy sosas, ¿no les has echado sal?

10. Hoy hace calor, somos a 35º a la sombra.

11. ¿Está lista la cena?

12. No pensaba que esta película estuviera tan larga.

13. Lucía es de camarera en un bar de la costa.

14. La escalera de mi casa era de piedra blanca.

15. Esos están contra la huelga.

3. Complete las frases con una de las expresiones del recuadro.

no estar para nadie	estar de guardia	estar por las nubes
estar al corriente	estar de moda	estar que trina
estar de suerte	estarle (a alguien) bien empleado	

Ej.: *1. Por favor, ¿puede decirme qué farmacia está de guardia esta noche?*

2. La Sra. Ministra no puede atenderles hoy, tiene demasiado trabajo y dice que ....

3. La vida está cada día más cara, los precios ....

4. Pues sí, este año ...., me han ofrecido varios papeles para trabajar en la televisión y en el cine.

aciertos__ / 17

5. A. ¿Qué le pasa a tu marido?
   B. No lo sé, pero está enfadadísimo, ...
6. Esa gente es muy chismosa, ... de la vida de todo el vecindario.
7. A. ¿Sabes que a Ernesto le ha puesto otra multa Hacienda?
   B. ...., por no hacer las declaraciones como es debido.
8. Este año .... los pantalones estrechos, y el año pasado, en cambio, se llevaban anchos.

4. Teniendo en cuenta que algunos adjetivos cambian bastante su significado según se usen con SER o ESTAR, complete las frases con uno de los dos verbos.

Ej.: *1. Este flan natural está riquísimo.*

2. .... claro que este año no vamos a poder ir de vacaciones.
3. Yo no creo que .... malo que los jóvenes salgan de noche.
4. Miguel .... todavía un poco verde para el examen de conducir.
5. La novia de Julio .... atenta y educada, pero .... parada, no tiene trabajo.
6. ¿No crees que este color .... demasiado claro para el fondo?
7. Dice el refrán que "todo lo barato ....caro".
8. Cuando fui a su habitación aún ....despierta.
9. Lo siento, no vi nada porque todo .... muy oscuro.
10. La noche del crimen .... oscura, como boca de lobo.
11. Ten cuidado con las copas, ... muy delicadas.
12. Para ese trabajo hace falta alguien que .... más despierto que tu primo.
13. Me parece que Felipe .... demasiado vivo.
14. No me gusta el tono de esa tela para el sofá, ... muy sucio, se va a manchar enseguida.
15. Sí, mi tía siempre .... delicada de salud.
16. El vendedor de la esquina .... ciego de nacimiento.
17. La madre de Puri .... riquísima.
18. Aunque el agua parece clara, ... sucia.
19. ¿ .... claro lo que he explicado hasta ahora?
20. .... listo si te crees que te voy a dar la mitad de las ganancias.
21. El enfermo ya .... muy débil, no come nada.
22. Tienes que .... fuerte para el partido de mañana.
23. Yo creo que los espárragos no .... bien conservados en esta lata.

5. Relacione las expresiones con su significado.

Ej.: *1. Ser un caradura.*   a. *Una persona que se aprovecha de las demás*.

2. Ser todo oídos.
3. Ser un plomo.

4. Ser agarrado.
5. Ser un hueso.
6. Ser un buen partido.
7. Ser un cero a la izquierda.
8. Ser pan comido.

b. Tacaño.
c. Una persona cuya opinión no cuenta para nada.
d. Una persona muy dura, exigente.
e. Una persona que aburre a las demás.
f. Muy fácil.
g. Una persona que escucha atentamente.
h. Una persona muy buena para casarse con ella.

aciertos__ / 7

Tema 2. Puntuación total __ / 81

EXPRESIÓN DE LA CAUSA (PORQUE, COMO, YA QUE, QUE...)

Observe

forma

COMO, PORQUE, PUESTO QUE, QUE, YA QUE + Indicativo

POR + Infinitivo / Nombre

A CAUSA DE + Nombre

Las oraciones que expresan causa pueden ir introducidas por las conjunciones **porque, como, que, ya que, puesto que** y llevan el verbo en Indicativo, generalmente:

> *Ayer no vine a clase **porque tenía** que hacer un recado.*

PORQUE, QUE

1. Las causales introducidas por **porque** van siempre en segundo lugar, detrás de la oración principal:

> *Está muy contenta **porque ha encontrado** un buen trabajo.*

2. Las frases introducidas por **que** son coloquiales y en la oración principal suele haber un Imperativo:

> *Niño, **ven** aquí, **que** te **voy** a dar la merienda.*

COMO

Las causales introducidas por **como** van antes de la oración principal:

> ***Como no venías**, me puse a comer yo sola.*

YA QUE, PUESTO QUE

1. Las causales introducidas por **ya que** y **puesto que** pueden ir antes o después de la principal:

> *Juan, **ya que estás** en la cocina, tráeme agua.*

2. Usamos estos nexos generalmente cuando la razón es obvia, conocida por todos. **Puesto que** se utiliza en contextos formales:

> ***Puesto que no hay acuerdos**, no podemos firmar el contrato.*

OTRAS FORMAS DE EXPRESAR CAUSA

1. Por + Infinitivo / nombre:

> *Han despedido a un jugador **por insultar** al árbitro.*
> *Lo he comprado **por el estilo** que tiene.*

2. A causa de + nombre:

> *Tuvieron que cerrar las carreteras al tráfico **a causa de la nieve**.*

¿POR QUÉ...?, ¿CÓMO...?

Se utilizan para preguntar por la causa:

> ***¿Por qué no vienes** esta tarde?*
> ***¿Cómo** (es que) **no viniste** a la inauguración de la Feria?*

ejercicios

correcciones

1. Relacione.

Ej.: *1. Como eran tan baratos,*
2. No le gusta esquiar,
3. Nos hemos subido aquí,

4. Corre,
5. Ya que estás aquí,
6. Te has caído,
7. Prepara el horno,
8. Puesto que la bicicleta ya no sirve,
9. A causa de su trabajo,

a. porque tiene miedo de caerse.
b. compraremos otra.
c. Valeria tiene que residir en el hospital.
d. por mirar hacia atrás.
e. que voy a meter la tarta.
f. arréglame la tele.
g. que se va el autobús.
h. porque abajo hacía mucho calor.
i. me compré tres.

2. Escriba el verbo que va entre paréntesis en la forma más adecuada.

Ej.: *1. Yo creo que David no sale con nosotros porque le <u>caemos</u> mal.*
(caer)

2. Como .... mucho, no pudimos salir del refugio. *(llover)*
3. Le tomaban el pelo porque .... conmigo. *(salir)*
4. El otro día, como no .... dónde vivía Jesús, ... a ver a Trini. *(saber, ir, yo)*
5. Puesto que tú .... la jefa, tú mandas. *(ser)*
6. Hay que tener cuidado cuando pasa un camión, ya que .... una gran masa de aire. *(arrastrar)*
7. Corre, que se .... el tren. *(ir)*
8. La Dra. González no podrá atenderles hoy porque .... de viaje. *(estar)*
9. Ya que ....al club, dile a Juanjo que lo llamaré mañana. *(ir)*
10. Eso te pasa por .... te donde no te llaman. *(meter)*
11. Ella vino porque la .... Sara. *(llamar)*
12. Como allí no .... hacer nada, me fui a mi casa. *(poder)*

3. Forme frases según el modelo.

Ej.: *1. Estás muy delgado.*
¿<u>Cómo es que estás tan delgado?</u>

2. Hace mucho tiempo que no pasas por la asociación.
....
3. No salís de vacaciones este año.
....
4. Han vendido la tienda los Pérez.
....
5. No has ido a trabajar hoy.
....

20   uso **avanzado**

aciertos__ / 24

6. Han cerrado la oficina de Correos.

....

7. Habéis llegado muy tarde.

....

4. Complete las frases con el nexo causal más adecuado.

porque (2)   como (5)   por (2)   ¿por qué? (3)   que (2)

Ej.: *1. Fuimos a bañarnos porque hacía un calor horrible.*

2. ¿ .... 'te enfadaste con tus compañeros el otro día?
3. No quiero más, gracias. No puedo comer más .... estoy llenísima.
4. Yo estaba furioso conmigo mismo .... haber aceptado el chantaje.
5. Date prisa, ... pueden venir los otros de un momento a otro.
6. .... él había planeado pasar el fin de semana conmigo, le sugerí que me acompañara.
7. .... temía confiar en mi memoria, lo apunté todo en un papel.
8. Eso te pasa .... no mirar dónde pisas.
9. Vámonos ya a casa, ... es tarde.
10. ¿ .... no llamas a Marcela y la invitas a comer?
11. .... mi madre ya había hecho la comida, me quedé a comer con ella.
12. .... yo era el único responsable de la seguridad, pedí aumento de sueldo.
13. .... estaban muy preocupados, no quise decirles nada.
14. ¿ .... te enfadas?, yo no te he hecho nada.

5. Complete con PORQUE / A CAUSA DE.

Ej.: *1. Se producen muchos accidentes a causa del alcohol.*

2. No pude ir a buscarte al aeropuerto .... tuve que quedarme en una reunión importantísima.
3. Lo expulsaron del ejército .... su irresponsabilidad.
4. .... el mal tiempo se tuvieron que suspender las tareas de rescate de los montañeros desaparecidos.
5. Se hizo maestro .... le encantaban los niños.
6. No pudo seguir trabajando en la empresa .... su mal carácter.
7. Cada día hay más economía sumergida .... el paro.
8. Se operó de la garganta .... se lo habían aconsejado los dos médicos a los que consultó.
9. La Tierra se calienta cada día más .... la contaminación.
10. No les gustaba salir con Elena .... ella se mostraba muy pedante cada vez que hablaba.

6. Forme una frase compuesta con cada uno de los pares de frases que le damos. Utilice los conectores del recuadro.

si (2)	aunque (2)	como (2)	pero (2)	para que

Ej.: *1. No me pide disculpas. No quiero volver a hablar con él.*
Si no me pide disculpas, no quiero volver a hablar con él.

2. No venías. Nos fuimos.
....

3. Mañana iré a bailar. Me dolerá la pierna.
....

4. Él lleva gafas de sol. Está lloviendo.
....

5. Ella ha descolgado el teléfono. No le molestará nadie.
....

6. Hoy no he desayunado. Tengo un hambre horrible.
....

7. Llamó muchas veces a la puerta. Nadie le abrió.
....

8. No puedes hacerlo sola. Llámame.
....

9. Ella quiere casarse. Yo no.
....

aciertos___ / 8

7. Intente encontrar respuestas lógicas para estas preguntas. Puede dar varias y algunas pueden ser menos lógicas.

Ej.: *1.¿Por qué se duerme la siesta en algunos países?*
Porque hace demasiado calor para trabajar en las primeras horas de la tarde.
Como es una costumbre antigua todavía se sigue haciendo.
Porque en esos países la gente se acuesta tarde y luego tiene sueño de día.

2. ¿Por qué las mujeres llevan falda y los hombres no?
....
....
....

3. ¿Por qué fuma la gente?
....
....
....

4. ¿Por qué hay guerras y hambre en el mundo?
....
....
....

5. ¿Por qué hay que ir a la escuela a aprender?

....

....

....

6. ¿Por qué compramos lo que anuncian en la tele?

....

....

....

7. ¿Por qué le gusta la primavera a casi todo el mundo?

....

....

....

8. ¿Por qué canta y baila la gente?

....

....

....

Tema 3. Puntuación total __ / 56

LOS INDEFINIDOS Y CUANTITATIVOS (ALGO, ALGUIEN, NADIE, NADA, BASTANTE, DEMASIADO...)

forma

INDEFINIDOS Y CUANTITATIVOS

Invariables	Variables (Para personas y cosas)
(Para personas) **ALGUIEN / NADIE**	**ALGÚN(O), -A, -OS, -AS** **NINGÚN(O), -A, -OS, -AS** **UNO, -A, -OS, -AS**
(Para cosas) **ALGO / NADA**	**DEMASIADO, -A, -OS, -AS** **BASTANTE, -ES** **MUCHO, -A, -OS, -AS**
(Para personas y cosas) **CADA**	**TODO, -A, -OS, -AS** **POCO, -A, -OS, -AS** **CUALQUIER(A)**

···· USO ·····

ALGUIEN / ALGO / NADIE / NADA

Son invariables. Funcionan como pronombres:
> *¿**Alguien** quiere decir algo?*

ALGUNO, -A, -OS, -AS / NINGUNO, -A, -OS, -AS / UNO, -A, -OS, -AS

1. Suelen funcionar como adjetivos o como pronombres:
> *¿Has visto **alguna vez** un huracán?*
> *A. Buenos días, ¿tienen habitaciones libres?*
> *B. Sí, creo que nos queda **alguna**.*

2. Alguno y **Ninguno** pierden la **-o** delante de un nombre masculino singular:
> *A. ¿Tenéis **algún problema?***
> *B. No, **ninguno**.*

3. Los plurales **Ningunas - Ningunos** se utilizan muy poco, únicamente delante de sustantivos que sólo poseen número plural:
> *Yo no he visto **ningunos pantalones** tuyos en mi armario.*

TODO, -A, -OS, -AS / MUCHO, -A, -OS, -AS / POCO, -A, -OS, -AS / VARIOS, -AS / DEMASIADO, -A, -OS, -AS / BASTANTE, -ES

Son cuantitativos propiamente dichos. Pueden funcionar como pronombres, adjetivos o adverbios y, según su papel, serán variables o invariables. Observe los ejemplos:
> *A. ¿Tú crees que hay **bastantes sillas** para todos?*
> *B. Yo creo que sí. Antonio ha traído **muchas**.*
> *Vamos a dejar esto, por hoy ya hemos trabajado **bastante**.*

CUALQUIER, -A

Puede ser pronombre o adjetivo. **Cualquier** es adjetivo y se usa delante de un nombre, masculino o femenino.

> A. *¿Qué te gustaría comer?*
> B. *Me da igual,* **cualquier cosa** *estará bien.*
> **Cualquiera** *pensaría que no te interesa.*

CADA

Se usa:

1. Delante de un nombre singular:

> *Álvaro se levanta a las once* **cada día**.

2. Delante de un adjetivo numeral + nombre plural:

> *Inés tiene que tomar el antibiótico* **cada ocho horas**.

ejercicios

correcciones

1. Complete las frases con CADA + una de las expresiones del recuadro.

cuatro años	quince días	momento
cuarto de hora	dos o tres años	seis horas

Ej.: 1. *A. ¿Esta revista es mensual?*
   B. <u>*No, es quincenal, me la mandan cada 15 días*</u>.

2. Jorge tiene anginas y el médico le ha dicho que se tome un sobre de antibiótico ....
3. En mi país se celebran elecciones generales ....
4.   A. ¡Vaya!, se nos ha escapado el tren.
   B. No te preocupes, pasa uno ....
5. No voy a terminar nunca este trabajo si me interrumpís a ....
6.   A. ¿Viajas mucho al extranjero?
   B. Bueno, no mucho, suelo hacer un viajecito ....

2. Complete con TODO, -A, -OS, -AS / CADA / CUALQUIER, -A.

Ej.: 1. *¿Te acordarás de tomar la medicina* <u>*cada cuatro horas*</u>?

2.   A. ¿Qué me pongo para salir hoy?
   B. Lo que quieras, con .... cosa irás bien.
3. En español hay un refrán que dice: "de noche, ...
los gatos son pardos", y otro que dice: "........................... oveja,
con su pareja".

aciertos__ / 8

4. Si no me crees a mí, pregunta a .... de los que estuvieron allí y te dirán lo mismo que yo.

5. A Julia le pasan dinero sus padres .... los meses.

6. ¡Qué pesada! se pasa .... el día preguntándome lo mismo.

7.   A. ¿Y los niños?
     B. Yo qué sé... .... sabe dónde se han metido ahora.

8. No sabemos dónde ir de vacaciones. .... los sitios están llenos.

9. Ya no sé qué pensar de este chico. .... vez que le pregunto por sus padres me cuenta una historia diferente.

10. Mi mujer está muy harta de ese trabajo. .... día de estos lo deja.

11. Chico, ¿qué te pasa? .... diría que te hemos hecho algo malo.

12. ¿Cómo vas a encontrar tus cosas si las dejas en .... sitio?

13. Yo creo que es mejor que .... uno pague lo suyo, ¿no?

14.   A. Tráeme un periódico, por favor.
      B. ¿Cuál quieres?
      A. Me da igual, uno ....

15. Si necesitas algo, llámame a .... hora, ¿vale?

16. ¿Te has dado cuenta de que llevas un calcetín de .... color?

17. Cuantos más seamos para pagar, a menos tocaremos .... uno.

18. Eso es muy fácil, lo hace ....

19. El jefe no ha aparecido por aquí en .... el día.

20. Cuando se trata de un trasplante de corazón, ... minuto que pasa es vital para el enfermo.

3. Complete las frases tomando un elemento de cada recuadro.

| demasiado/-a/-os/-as | | lejos | gente | buenas | alcohol |
| bastante/-s | | probable | camas | ruido | antiguo |

   Ej.: *1. No pudimos entrar al concierto porque había demasiada gente.*

2. Es mejor que toméis un taxi desde la estación del tren hasta aquí, porque está .... para venir andando.

3. Yo creo que ella podrá entrar en la Universidad, porque sus notas son ....

4. Ve a buscar más sillas, no hay .... para todos los que han venido.

5. Por favor, no traigas más botellas de cava, ya hay ....

6. Todos los invitados acabaron borrachos porque habían bebido
....

7.   A. ¿Tú crees que México será campeón de fútbol?
    B. Sí, es ....

8. No me gusta nada este sitio para descansar, hay ....

9. Si queréis, podéis venir a dormir a nuestra casa, tenemos
.... para todos.

10. No me gusta nada este hotel, es ....

4. Complete las frases con NADA / NADIE / ALGO / ALGÚN, -O, -A, -OS, -AS / NINGÚN, -O, -A, -OS, -AS / UNO, -A, -OS, -AS.

Ej.: *1. ¿Has tomado algo para desayunar?*

2. Aunque el accidente fue grave, no hubo .... herido.

3. Volvió a su pueblo después de diez años y vio que no había cambiado
....

4.   A. Estoy seguro de que .... de vosotros ha hablado.
    B. Te equivocas, ... de nosotros ha dicho una palabra de
       lo que nos contaste.

5. Salí a comprarle .... a Nieves, pero no encontré
.... que me convenciera.

6. ¿Había .... para mí en el buzón?

7. ¿ .... tiene .... que declarar?

8. ¿Ha preguntado .... por mí?

9.   A. ¿Tú no tenías varias linternas?
    B. Sí, pero hoy no he traído ....

10. No quiero ver a .... en este patio.

11. Me he olvidado los calcetines y en este cajón tienes muchos, ¿me pres-
tas ....?

12. La policía preguntó a .... gente que había allí, pero ....
supo contestarle.

13. Voy a comprar, ¿quieres que te traiga .... cosa?

14.   A. ¿Tienes monedas sueltas?
     B. Sí, creo que me quedan .... en el monedero.

15. De todos los presentes, sólo .... habían sido invitados.

16.   A. ¿Le queda .... fascículo de la colección de pintura?
     B. No, lo siento, no me queda ....

17. .... de los presentes en el Congreso venían de muy lejos.

18. Se me acaban de romper las medias, ¿tienes .... de más?

19. ¿ .... de los presentes quiere hacer .... pregunta?

20. ¿Has aprendido .... útil en el cursillo de cocina?

21. Yo creo que aquí no hay .... niño con varicela.

22.   A. ¿Hay .... novedad?
     B. No, ninguna.

23. He probado todas las llaves del llavero, pero .... me
sirve para abrir esta puerta.

correcciones

24. No encuentro mi reloj por .... parte. ¿ .... lo ha visto?
25.   A. ¿Qué disco pongo?
      B. Da igual. .... cualquiera.
26.   A. ¿Tienes cigarrillos?
      B. Sí, creo que me quedan ....

5. Escriba lo contrario.

Ej.: *1. Todo el mundo está contento con su suerte.*
Nadie está contento con su suerte.

2. Todos los alumnos entendieron la explicación.
....

3. Todos los chicos votaron que no.
....

4. Toda la gente del pueblo sabía que los billetes se ocultaban en la bodega.
....

5. Nadie estaba dispuesto a declarar en contra del acusado.
....

6. No vino nadie a la inauguración de la Feria del Libro.
....

7. Todas las mesas estaban ocupadas.
....

8. Todas las jugadoras esperaban ganar el partido.
....

9. Nadie quería contestar a las preguntas del inspector.
....

aciertos___ / 12

Tema 4. Puntuación total ___ / 74

PRÁCTICA DE LAS ORACIONES FINALES (PARA QUE, CON EL FIN DE QUE, ETC.)

Observe

Los ministros de Agricultura de la U. E. se han reunido en Bruselas **con el fin de debatir** el asunto de la pesca

1

Ten cuidadito, **que no se** te **caiga**

2

¿**Para qué llamó** por teléfono a la Sra. García en la tarde del 7?

Para preguntarle si había recibido ya mi informe

3

forma

PARA, CON EL OBJETO DE, CON EL FIN DE... + Infinitivo /+ QUE + Subjuntivo

¿PARA QUÉ, CON QUÉ FIN... + Indicativo?

···· USO ···

1. Las oraciones finales pueden ser introducidas por **para (que)**, **que**, **con el objeto de (que)**, **con el fin de (que)**, y otras similares.

2. Pueden llevar el verbo en:

> a) Infinitivo. Cuando el sujeto de los dos verbos es el mismo:
> > *El acusado ha declarado eso* **con la intención** *clara* **de librarse** *de la cárcel.*
> > (él)   (él)
>
> b) Subjuntivo. Cuando el sujeto es diferente:
> > *Ha hecho todo eso* **con la intención de que** *sus padres lo* **perdonen**.
> > (él)   (ellos)

3. Las oraciones finales introducidas por **que** llevan el verbo en Subjuntivo. Son muy coloquiales y en la principal suele haber un Imperativo:

> *Silvia,* **ven que te dé** *la merienda.*

4. CORRESPONDENCIA TEMPORAL

> a) Si el verbo principal va en Presente o Pret. Perfecto, el verbo de la subordinada irá en Presente de Subjuntivo:
> > **Ha llamado para que le des** *tu número de teléfono.*
>
> b) Si el verbo de la principal va en Pasado (Pret. Perfecto, Pret. Imperfecto, Pret. Indefinido o Pret. Pluscuamperfecto), el verbo de la subordinada irá en Pret. Imperfecto de Subjuntivo:
> > **Volvió** *a la tienda* **para que le cambiaran** *la máquina de fotos, pero no se la cambiaron.*

5. Las oraciones interrogativas introducidas por ¿**Para qué...?** y similares siempre llevan el verbo en Indicativo:

> ¿**Con qué intención le dijiste** *aquello al carnicero?*

ejercicios

correcciones

1. Complete las frases con uno de los verbos del recuadro.

fuéramos	haya	abandonar	preguntar	han construido
dé	pedir	volviera	haga	solicitar

Ej.: *1. Tenemos que llamar a un carpintero <u>para que</u> nos <u>haga</u> una estantería en el pasillo.*

2. Se dirigieron a la Embajada con el fin de .... asilo político.

aciertos___ / 1

3. El padre de Eugenia la convenció para que .... a estudiar.
4. Fueron a ver a un abogado con el objeto de .... consejo sobre la separación de bienes.
5. Pili, sal que te .... el aire.
6.   A. ¿Para qué ha llamado Julián?
     B. Para .... por mi padre.
7. ¿Con qué fin .... ese muro?
8. Para que no .... más problemas, lo mejor es vender la casa.
9. A las doce nos llamó Óscar para que .... con él a tomar unas copas.
10. Necesitaba un pasaporte para .... el país legalmente.

2. Complete las frases con el verbo que va entre paréntesis en la forma adecuada del Indicativo, Subjuntivo o Infinitivo. Añada la conjunción QUE donde sea necesario.

> Ej.: *1. Los ministros se han reunido con el fin de <u>estudiar</u> las medidas oportunas para <u>fomentar</u> el empleo. (estudiar, fomentar)*

2. Salió a dar una vuelta para .... le .... el aire. *(dar)*
3. Le pagaron una buena cantidad de dinero con el fin de que no le .... a la Policía la procedencia de la droga. *(contar)*
4. Se fue con el firme propósito de no .... *(volver)*
5. Ten cuidado, que no se te .... el agua del vaso. *(caer)*
6. Espero que me llames para .... cómo te va. *(saber)*
7. Tienes que comer para .... *(crecer)*
8. Hay que llamar al médico con el fin de .... la defunción. *(certificar)*
9. Pararon para que el chófer .... gasolina y .... el motor y las llantas del jeep. *(poner, revisar)*
10. Hay quien vive sólo para .... *(trabajar)*
11. Me asomé a la ventana y le hice una seña para .... *(acercarse, ella)*
12. Hay que darle tiempo para .... a la idea. *(acostumbrarse, él)*
13. Para que el dinero me .... más, me alojé en una casa particular. *(durar)*
14. Sus padres la enviaron a EEUU con el fin de .... una carrera científica. *(estudiar)*
15. Dejé la puerta del jardín abierta para .... entrar los invitados. *(poder)*
16.   A. ¿Para qué te .... tres discos del mismo cantante?
      B. Para .... le uno a mi hermana y otro a Javi. *(comprar, regalar)*
17. ¿Con qué fin .... el depósito del agua? *(vaciar, ellos)*
18. La mujer cogió de la mano al niño para que no .... por la tienda. *(corretear)*
19. Te llamo para .... lo que sabes del asunto. *(explicar a mí)*

ejercicios

correcciones

20. Silencio, aquí hemos venido a .... , no a .... de tonterías. *(trabajar, hablar)*

3. Forme una frase compuesta con cada uno de los pares de frases que le damos. Utilice el conector que aparece entre paréntesis.

Ej.: *1. Este restaurante está de moda. Es muy caro. (por eso)*
Este restaurante está de moda, <u>por eso es tan caro</u>.

2. Dale dinero a Irene. Tiene que hacer la compra. *(para)*
....

3. Se llevan muy bien. A los dos les gusta la música. *(porque)*
....

4. He llamado por teléfono. Quería informarme del horario de trenes. *(para)*
....

5. Tenía muy mal genio. Todos le temían por eso. *(como)*
....

6. Mucha gente pasa las vacaciones en balnearios. Quieren descansar y recuperar la salud. *(con el fin de)*
....

7. Llovía muchísimo. Suspendieron el partido de fútbol. *(a causa de)*
....

8. Toma esta foto. No quiero que te olvides de mí. *(para que)*
....

9. Baja la voz. Es mejor que no nos oigan. *(que)*
....

aciertos___ / 10

Observe

1 Nos gustaría comprar **una casita de campo que tuviera** jardín

2 Ayer conocimos **a unos que venían** a recorrer España en un mes

3 Ya sabéis, **quien necesite** más papel, que lo pida

4 En un lugar de la Mancha, de cuyo nombre no quiero acordarme....

5 Venga, hombre, déjalo ya. Mira que «el que mucho abarca poco aprieta»

6 14 Febrero SAN VALENTÍN Carta ganadora del concurso "El correo de Eros" Cariño, voy a alfombrar con flores la calle donde tú vives...

forma

ORACIONES DE RELATIVO

(Antecedente) + (Preposición) +
QUE
El, la, los, las QUE
QUIEN/-ES
El, la, lo CUAL
Los, las CUALES
CUYO, -A, -OS, -AS
DONDE
} + Indicativo / Subjuntivo

USO

1. Las oraciones adjetivas de relativo están introducidas siempre por un conector relativo: **que, quien/-es, donde, el / la / lo cual, los / las cuales**. **Que** es el más usado, ya que puede referirse a antecedente de persona y de cosa, singular y plural:

> *Las mujeres que acaban de llegar son suecas.*
> *El libro que compré ayer está en la estantería.*

2. Cuando el antecedente (la persona, cosa o lugar al que se refiere el pronombre) es de persona, se puede usar **quien/-es** o **el / la / los / las que**, pero **quien** se usa en contextos un poco más formales o en lengua escrita:

> *Yo **no** soy **quien** está en posesión de la verdad.*

3. Las formas **el / la / lo cual, los / las cuales** se usan generalmente muy poco y siempre en contextos muy formales. No obstante, es obligatorio utilizarlas cuando van precedidas de una preposición bisílaba o una locución prepositiva:

> *Éste es el árbol **debajo del cual** se ha hallado el tesoro.*

4. En el caso de ser necesaria una preposición, ésta va siempre delante del pronombre relativo:

> *Hoy he vuelto a ver a los soldados **con los que** hablé ayer.*

INDICATIVO / SUBJUNTIVO

El verbo de la oración de relativo puede ir en Indicativo o Subjuntivo:
1. Indicativo. Cuando se dice del antecedente algo seguro, constatado:

> *Los que están aquí son socios.*
> *Había **tres personas que vieron** salir al presunto terrorista.*

2. Subjuntivo.
-Cuando se dice del antecedente algo no bien definido o constatado:

> *Necesitan **gente que sepa** manejar el ordenador.*

-Cuando negamos la existencia del antecedente o decimos que es escaso:

> *Hay **pocas personas que hagan** la paella como Rafael.*

CORRESPONDENCIA DE TIEMPOS VERBALES

Cuando el verbo de la oración principal está en pasado, el verbo de la oración de relativo, si requiere el modo Subjuntivo, irá en Pret. Imperfecto o Pluscuamperfecto:

> *En todo el pueblo no encontraron **a nadie que hubiera visto** a los que buscaban.*

CUYO/-A/-OS/-AS

Es un pronombre-adjetivo relativo apenas usado y sólo en contextos muy formales. Equivale a **del cual / quien**, y concuerda en género y número con el nombre al que acompaña:

> *Va a hablar ahora **la profesora Ramírez, cuyas ideas** todos ustedes conocen sobradamente.*
> ***En un lugar** de la Mancha **de cuyo nombre** no quiero acordarme.*

LO

Cuando el antecedente no se refiere a una cosa identificable, sino a una situación o idea, se utiliza el artículo neutro **lo**:

> *¿Qué es **lo que me querías decir?***

ejercicios

correcciones

1. En las frases siguientes, subraye el verbo más adecuado.

> Ej.: *1. Ellos se encontraron con un pastor que les <u>enseñó</u> / enseñe a tocar la flauta.*

2. Vivíamos en una casa que en otros tiempos *había pertenecido / perteneciese* a los Domínguez.
3. Me gustaría ir de vacaciones a un país que no *es / fuera* muy caro.
4. Él fue quien los *guió / guiaría* hasta el refugio.
5. No me gusta nada el abrigo que se *ha comprado / haya comprado* Anabel.
6. Tú haz exactamente lo que te *ha dicho / dijera* el médico esta mañana.
7. ¿Conoces algún bar donde *ponen / pongan* buenas tapas?
8. Lo siento, no tengo ningún libro que *habla / hable* de acupuntura.
9. Necesitamos un albañil que *trabaja / trabaje* bien y no *cobra / cobre* mucho.
10. Era la primera vez que yo *veía / haya visto* el mar.
11. Yo no vi al hombre que *robó / robara* la cartera.
12. Quien *quiere / quiera* papel, que levante la mano.
13. Haz lo que tú *quieres / quieras*, yo me voy.
14. ¿Hay alguien que *sabe / sepa* dónde está Laura?
15. Los que *tienen / tengan* hijos están más preocupados por el futuro.
16. El que *necesita / necesite* algo, que lo diga.
17. Aquí, el que *quiere / quiera* algo, lo pide y ya está.
18. Hacen falta especialistas que *enseñan / enseñen* a la gente a vivir ecológicamente.
19. No fue fácil encontrar a alguien que *reunía / reuniera* todas las condiciones.
20. Toma esto y pónlo donde no *pueden / puedan* alcanzarlo los niños.

aciertos__ / 19

ejercicios

correcciones

2. Reescriba estas oraciones de relativo de otra manera. Observe el ejemplo.

Ej.: *1. En verano nos alojamos en un hotel que era muy caro.*
       El hotel en el que nos alojamos en verano era muy caro.

2. Pasamos por unos pueblos que eran preciosos.
....

3. Te llamé desde una cabina que estaba en medio de un descampado.
....

4. Yo fui de joven a una escuela de ballet que ya no existe.
....

5. Volvimos en un avión que pertenecía a una compañía alemana.

6. Ayer te hablé de un chico en la biblioteca.
....

7. Trabajo para una empresa que fabrica electrodomésticos.
....

8. Juana está hablando con un hombre que es actor.
....

9. Fui a ver a un médico que ha estudiado acupuntura en Beijing.
....

3. Complete las frases que siguen con una preposición y un relativo de cada recuadro. Algunas veces hay más de una posibilidad.

con / a / en / de / por

quien / el / la / los / las que / donde

Ej.: *1. Rosa, a quien / a la que yo adoraba, iba sentada a mi lado.*

2. Allí conocieron a alguien .... también le impresionaba mucho la belleza del paisaje.
3. Aquel fue el año .... nació mi hermano Rafael.
4. Teresa es la chica .... te hablé la semana pasada.
5. El lugar .... nos encontrábamos parecía moverse.
6. La vieja escuela, ... habían pasado varias generaciones, seguía funcionando.
7. Al desandar los mismos pasillos .... acababa de pasar, sintió miedo.
8. Todas las personas .... tenía relaciones comerciales, habían recibido cartas de las autoridades .... les solicitaban información.
9. La tarde .... nos encontramos por casualidad, quise invitarla.
10. Escribió una carta .... explicaba las razones de su dimisión.
11. La Academia de Ciencias, ... trabajaba, era una institución descomunal.

*37   uso **avanzado***

aciertos___ / 19

12. Algunos amigos, ... había estudiado, eludieron el compromiso.
13. La razón .... no te llamé es que no tenía tu teléfono.
14. El periodista .... hablamos nos hizo muchas preguntas indiscretas.
15. La policía, ... llamé, no me hizo mucho caso.

4. Complete las frases con el verbo en la forma correcta del Subjuntivo.

Ej.: *1. No hay ninguna universidad que te <u>acepte</u> con esa nota media.*

2. No conozco a nadie que .... como él. *(bailar)*
3. No tenía a nadie que le .... en casa. *(ayudar)*
4. Hay pocos que .... tanto como él sobre ese tema. *(saber)*
5. No hay muchos que .... dispuestos a hacer ese trabajo *(estar)*
6. Había poca gente que .... exactamente qué estaba pasando. *(saber)*
7. Nunca he visto una tienda que .... tan cara como ésta. *(ser)*
8. Aquí no hay nadie que .... flamenco. *(bailar)*
9. En realidad, no hay nada que vosotros .... hacer. *(poder)*
10. Quien no .... de acuerdo, que lo diga. *(estar)*
11. Salí a comprar, pero no vi nada que me .... *(gustar)*
12. ¿Conoces a alguien que .... un sofá? Tengo que vender el mío. *(necesitar)*

5. Complete las frases con el / la / los / las / lo QUE.

Ej.: *1. <u>Lo que</u> ha ocurrido esta mañana no me sorprende.*

2. La policía todavía no ha detenido a .... robaron el cuadro.
3. Recuerda siempre .... te he dicho, hija mía.
4. .... me preocupa es tu hermana, no tú.
5. .... me preocupa es qué pasará cuando nos quedemos sin trabajo.
6. .... van detrás del todo son Victoria y Natalia.
7. .... no esté de acuerdo, que proteste.
8. .... tienes que hacer es llamarle ya.
9. .... vemos en la tele es, casi siempre, ficción.
10. .... sepan francés, que lo lean en versión original.
11. A .... tienes que llamar es a María Luisa.
12. .... pasaban por allí se quedaban mirando asombrados.
13. .... pasa es que hay demasiada demanda.
14. Yo, ... quería era ser actor.

6. Escriba el verbo en Indicativo o Subjuntivo.

Ej.: *1. La que lleva el vestido rojo es Carmen. (llevar)*

2. Tú sólo debes dejar entrar a los que .... socios. *(ser)*
3. El que .... , que salga. *(tener prisa)*
4. Los que .... más tiempo, que lo digan. *(necesitar)*
5. Los pocos turistas que .... hasta allí, se iban sin ver nada. *(llegar)*
6. Si vas a ese pueblo, no te creas nada de lo que allí te ....
   (decir)
7. Los que .... a la excursión contaron maravillas de lo que
   habían visto. *(ir)*
8. Estaban esperando a la doctora que .... a su madre el lunes
   anterior. *(operar)*
9. Están esperando a alguien que les .... por qué se ha pro-
   ducido la avería. *(explicar)*
10. No debes creer nada de lo que normalmente .... las revis-
    tas del corazón. *(decir)*
11. Me he comprado el libro que me .... el tío Ramón. *(reco-
    mendar)*
12. Tenemos que mirar mucho, no nos vamos a comprar la primera casa
    que .... *(ver)*
13. Yo voy a hacerlo, lo que .... después la gente no es proble-
    ma mío. *(decir)*
14. En esa empresa faltan técnicos que .... mucha informática.
    (saber)

aciertos__ / 13

USO DE LAS PREPOSICIONES

Observe

1 FERIA DE ARTESANÍA

HECHO A MANO

2 ¿Qué vas **a hacer**?

Voy a echar la comida **a los peces**

3 ¿Conoces **algún carpintero** que lo arregle bien?

Pues sí, precisamente conozco **a uno** muy bueno

4 ¡Corre, corre, que está lloviendo **a cántaros**!

forma

RÉGIMEN PREPOSICIONAL

A: *acostumbrarse, dedicarse, negarse,* etc.

CON: *chocar, comparar, entrevistarse,* etc.

DE: *asustarse, adueñarse, alejarse, carecer, escaparse, fiarse, privarse,* etc.

EN: *confiar, convertirse, empeñarse, pensar,* etc.

LOCUCIONES PREPOSICIONALES

de vista	*de* quicio	*por* los codos	*para* el arrastre
a pierna suelta	*a* lágrima viva	*a* cántaros	*en* las nubes

···· USO ···

A

1. Se usa la preposición **a** delante del Objeto Indirecto, y del Objeto Directo cuando éste se refiere a personas concretas y determinadas:

> Dale estos libros **a la bibliotecaria**.
>> (O.I.)
>
> Esta mañana he visto **a mi jefe** en la cola del autobús.
>> (O.D.)
>
> ¿Has visto **al jardinero**?
>> (O.D.)

pero

> Esta mañana he visto una película.
> ¿Para qué quieres un jardinero?

2. Cuando el Objeto Directo se refiere a animales, el uso de la preposición **a** es opcional. En general, se usa con verbos que significan actividades propias de seres animados, como alimentar, pasear, querer, saludar, etc.

> ¿Estás criando (a) diez perros a la vez?

PARA

1. En general, con **para** podemos expresar **finalidad, dirección** o **lugar** al que se dirige alguien o algo, así como **tiempo**:

> Estas gafas son **para ver** de cerca.
> Este tren no va **para Granada**.
> A. ¿**Para cuándo** tendrán las fotografías?
> B. **Para dentro de una hora**.

2. Seguida de un nombre propio de persona o pronombre personal, equivale a "en mi / tu / su opinión":

> **Para él**, todo el mundo es bueno.

POR

1. Con **por** podemos expresar principalmente causa, medio para un fin, lugar, precio:

> No hace más deporte **por pereza**.
> Mándame el informe **por fax**.
> **Por aquí** no llegarás a ningún sitio.
> Ha conseguido un cuadro de Barceló **por 150 millones**.

2. En las oraciones pasivas, precede al Complemento Agente:

> La obra ha sido muy bien acogida **por la crítica**.

3. Seguida de un nombre propio de persona o pronombre personal, forma una expresión que denota una actitud de indiferencia:

> **Por mí**, podéis quedaros aquí trabajando hasta mañana, yo me voy.
> (=A mí me da igual si os quedáis o no.)

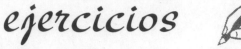

ejercicios

correcciones

1. Complete las frases con la preposición A (o AL) sólo cuando sea necesario.

Ej.: *1. ¿Le has pagado ya el recibo del alquiler al portero?*

2. Por más que buscamos, no vimos .... la ardilla por ningún lado.
3. No veas .... la televisión desde tan cerca.
4. El sábado pasado, un perro mordió .... mi hijo.
5. ¿Desde cuándo no has visto .... Elena?
6. El vecino no le abre la puerta .... cartero.
7. Tenemos que reunir .... todos los propietarios de la comunidad.
8. Estoy buscando .... un electricista que me cambie la instalación eléctrica.
9. ¿Estás buscando .... la guía telefónica?
10. Beatriz tiene .... tres hijos.
11. ¿Conoces .... mi amiga?
12. ¿Conoces .... alguna ciudad española?
13. ¿Has encontrado .... el mueble que buscabas?
14. Luis, ¡escucha .... el concierto, no hables!
15. ¿ .... quién esperas?
16. ¿ .... quién has visto?
17. ¿Has telefoneado .... alguien?
18. ¿Para qué necesitas .... un pintor?
19. Mamá, mira .... Pedrito, no me deja estudiar.
20. ¿Has oído .... la radio?, ha habido una explosión aquí cerca.
21. El otro día encontré .... un gatito abandonado y me lo llevé a casa.
22. Hoy el fiscal ha interrogado .... los tres testigos de la defensa.
23. Irene, ¿no has oído .... tu madre? ¡Deja eso y ponte a trabajar!

2. Complete las frases siguientes con una de las preposiciones siguientes: en / de / a / con.

Ej.: *1. Aunque te empeñes en que venga, no vendrá.*

2. ¿Todavía no te has convencido .... que es mejor no discutir?
3. ¿Cuándo vas .... cambiarte .... piso?
4. El ladrón se escapó .... la cárcel con la ayuda .... un funcionario.
5. Pues sí, ahora me relaciono .... gente importante.
6. El Ministro de Asuntos Exteriores se entrevistó .... su homólogo francés.
7. ¡Tú ocúpate .... tus asuntos y déjame .... paz!
8. .... las lluvias, los almacenes se llenaron .... agua.
9. Aunque ya está bien, todavía no se atreve .... salir .... la calle.
10. La acusada se negó .... contestar.
11. Adolfo aspira .... convertirse .... el campeón .... España .... atletismo.
12. Fuimos .... felicitar .... Cristina por su brillante actuación.
13. Esa mansión pertenece .... una .... las mujeres más ricas .... país.

aciertos___ / 45

14. Todos tenemos que aguantarnos .... lo que nos ha tocado.
15. No puedes comparar este restaurante .... el otro.
16. El coche se salió .... la carretera y chocó .... un árbol.
17. Lo mejor es romper .... el pasado y empezar .... nuevo.
18. No te asustes .... el perro, no hace nada.
19. Es mejor que te alejes .... él.
20. Uno .... los socios se adueñó .... toda la empresa .... poco tiempo.
21. Mi mujer se ocupa .... las cuentas .... toda la comunidad.
22. Están muy mal, carecen .... lo más elemental.
23. Sueña .... convertirse .... una gran escritora.
24. ¿Es que no confías .... mí?
25. Fernando se ha unido .... un grupo de guerrilleros.
26. No se acostumbra .... vivir solo.
27. ¿Quién cuida .... tu bebé?
28. ¿No te fías .... mí?
29. Sus hijos también se dedican .... el cante y el baile.

3. Complete las frases siguientes con POR o PARA.

Ej.: *1. Este jarabe es muy bueno para la tos.*

2. Ven .... acá.
3. Te he dicho mil veces que atravieses la calle .... el paso de peatones.
4. Margarita y José Luis están preocupados .... los gastos de la casa.
5. Se han comprado una casa vieja en el pueblo .... cuatro perras.
6. He quedado con ella .... ver muebles.
7. Vino .... estar una semana y se quedó un mes.
8. Necesito una habitación .... tres personas.
9. Es un orgulloso, nos mira a todos .... encima del hombro.
10. No lo hago .... dinero, sino .... amor al arte.
11. Murieron .... defender sus ideas.
12. No te preocupes, lo tendré preparado .... mañana.
13. Mi padre era muy apreciado .... sus compañeros de trabajo.
14. Esta niña es muy alta .... la edad que tiene, ¿no?
15. .... ser sinceros, te diré que me parece fatal lo que ha hecho.
16. Cuando llegamos al apartamento, nos encontramos todas las cosas .... los suelos.
17. ¡Qué caro! Nos han cobrado 10 euros .... dos cervezas y unas tapas.
18. Vale, iré a hablar con él. Que conste que lo hago .... ti.
19. Toma, esto es .... ti.
20. .... mí, puedes hacer lo que quieras.
21. .... mí, que no quieren venir porque están enfadados.
22. Adiós y gracias .... todo.
23. .... una vez que vienes a mi casa, podrías quedarte más rato.
24. .... última vez te lo digo: ven aquí.

aciertos__ / 46

25. Esta crema le va mejor .... su piel.
26. He oído .... la radio que va a subir otra vez la gasolina.
27. No me lo mandes .... fax, mándamelo .... correo.
28. No hemos podido salir .... culpa de la avería del coche.
29. No mires .... allá, mira .... acá.

4. Complete las frases con las expresiones del recuadro.

a cántaros	de quicio	para el arrastre	por los codos
a pierna suelta	en las nubes	en desgracia	de vista	a lágrima viva

Ej.: *1. Estoy harta de ti, no sabes las ganas que tengo de perderte de vista*.

2. No pudieron salir a buscar a los marineros porque estaba lloviendo ....
3. No sé qué me pasa con este niño, pero continuamente me pone nervioso y me saca ....
4. ¿Que Julia es tímida? ¡Qué va!, cuando la conozcas, verás que habla hasta ....
5. Sí, este profesor es muy despistado, está siempre ....
6. Parece que el Director General ha caído .... Lo van a trasladar a una sucursal pequeña, con menos categoría y menos sueldo.
7. No puedo más, estoy ....
8. ¿Sabes qué hizo Sara?, a pesar del jaleo que había se acostó y se pasó la noche durmiendo ....
9. Con este culebrón, toda la gente llora ....

5. Complete las frases que siguen con la preposición más adecuada.

Ej.: *1. La niña contemplaba la lluvia por la sucia ventanilla.*

2. Telefoneé .... la División .... Viajes .... Exterior .... una cabina y pregunté .... ella.
3. Encontraron .... anciano .... la mesa de la cocina, frente .... un televisor portátil, ... la camisa desabrochada.
4. ¿Tienes algún libro escrito .... Miguel Delibes?
5. No se han marchado todavía de la fiesta .... los niños.
6. Ten paciencia, ya no tardaremos .... llegar.
7. Todavía quedan varios pisos .... vender.
8. La Directora se reunió .... los consejeros .... estudiar la situación económica .... la empresa.
9. Hizo todas las tareas .... la casa .... tres horas.
10. ¿ .... cuánto te ha costado cada entrada?
11. Los traductores cobran .... número de palabras.
12. A. ¿ .... qué aspiras ?
     B. ¿Yo?, pues .... vivir lo mejor posible.

ejercicios

13. Desde que salió .... su casa .... los 18 años, no ha vuelto .... ver .... sus padres.
14. Cambió la moto .... un ordenador.
15. Tuvo que renunciar .... sus estudios .... quedarse .... ayudar .... su familia.
16. Se quedó .... habla .... causa .... la sorpresa.
17. Aquí lo venden todo .... 3 euros.
18. .... la entrada .... pueblo hay un monumento .... la paz.
19. Yo hago ese trayecto .... 10 minutos.
20. Lo siento .... ti, pero no podré prestarte más dinero.
21. ¿ .... cuántos kilómetros está Madrid .... Sevilla?
22. Ellos vivían .... pocos kilómetros del centro.
23. No debes fiarte .... lo que diga Ernesto.
24. El sueldo no me llega ni .... mitad .... mes.
25. Todos los días llega .... su casa .... madrugada.
26. Se fue .... Córdoba, pero .... los pocos meses volvió.
27. ...,..... toda la tripulación, sólo se salvaron cinco marineros.
28. Vale, podemos pintarle todo el piso ...., hoy y mañana.
29. ¿Conoces .... chico aquel .... los pantalones vaqueros?
30. El gato salió .... debajo .... la puerta.

6. En las preguntas siguientes hemos borrado las preposiciones. Intente ponerlas otra vez.

Ej.: *1. Buenos días, ¿en qué puedo servirles?*

2. ¿ .... dónde me llamas?
3. ¿ .... quién van a entrevistar esta noche en la televisión?
4. ¿ .... quién son estas flores?
5. ¿ .... cuánto tiempo te vas al extranjero?
6. ¿ .... cuándo me tendrán arreglado el vídeo?
7. ¿ .... cuánto has vendido al final la moto?
8. ¿ .... quién le ha pagado Vd. el recibo?
9. ¿ .... dónde se va a Pamplona?
10. ¿ .... quién se va a reunir?
11. ¿ .... cuántas personas es el cocido?
12. ¿ .... quién está enfadado Nacho?
13. ¿ .... quién has chocado?
14. ¿ .... qué Ministerio depende tu departamento?
15. ¿ .... qué partido político pertenece la Presidenta?
16. ¿ .... quién saludabas?
17. ¿ .... quién te despedías?
18. ¿ .... quién le has pedido prestado el abrigo?
19. ¿ .... qué sirve este chisme?

aciertos___ / 52

Tema 7. Puntuación total ___ / 180

USO DE VOLVERSE / QUEDARSE / PONERSE + ADJETIVO.
HACERSE / LLEGAR A SER + ADJETIVO / NOMBRE, ETC.

Observe

Venga, **no te pongas** nervioso, ya verás como no es nada

Para pasar por esta puerta tienes que **hacerte** tan pequeña como yo

¿Y cómo puedo hacerlo?

Ustedes **se quedarán** asombrados ante mi magia...

¿Quién es?

Mi madre **se ha vuelto** muy desconfiada, no se fía de nadie

forma

VOLVERSE / QUEDARSE / PONERSE + Adjetivo
HACERSE / LLEGAR A SER + Adjetivo / Nombre
CONVERTIRSE + EN + Nombre

··· USO ···

En español se puede expresar expresar "cambio" con diferentes verbos:

VOLVERSE

Indica una transformación de una cualidad en otra:
> *Alfredo antes no era muy simpático, pero de un tiempo a esta parte **se ha vuelto más amable**.*

QUEDARSE

Indica un cambio después de un proceso:
> *A consecuencia del accidente, Juan **se quedó ciego**.*

PONERSE

Indica un cambio en la salud o el estado de ánimo más o menos momentáneo:
> *Federico, cada vez que se cruza con una chica que le gusta, **se pone rojo**.*

HACERSE

Indica un cambio de ideología, religión, profesión, con participación del sujeto:
> *Rafael **se hizo rico** vendiendo un aparato que él mismo había inventado.*

LLEGAR A SER

Indica un cambio a mejor, dentro de una escala que va de abajo hacia arriba:
> *Gerardo empezó de botones y **llegó a ser director** del banco.*

CONVERTIRSE

Indica una transformación un tanto radical. Se utiliza con sustantivos precedidos de la preposición **en**:
> *De la noche a la mañana, Andrea **se convirtió en una actriz** famosa en todo el mundo.*

ejercicios

correcciones

1. Escriba delante de cada lista el verbo más adecuado.

volverse	quedarse	ponerse
hacerse	llegar a ser	convertir(se)

Ej.: ponerse { nervioso/-a / contento/-a / enfermo/-a }   .... { ministro/-a / catedrático/-a / algo en la vida }

aciertos__ / 1

$$\left\{ \begin{array}{l} \text{viudo/-a} \\ \text{mudo-a} \\ \text{solo/-a} \end{array} \right. \qquad \left\{ \begin{array}{l} \text{egoísta} \\ \text{desconfiado/-a} \\ \text{loco/-a} \end{array} \right.$$

$$\left\{ \begin{array}{l} \text{rico/-a} \\ \text{católico/-a} \\ \text{soldado} \end{array} \right. \qquad \left\{ \begin{array}{l} \text{en oro} \\ \text{en vino} \\ \text{en el héroe / la heroína} \end{array} \right.$$

2. Complete las frases con uno de los verbos anteriores en el tiempo adecuado.

Ej.: *1. Desde que le robaron, se ha vuelto muy desconfiado.*

2. En invierno .... de noche muy pronto.
3. Mi abuelo .... millonario vendiendo zapatos.
4. Mis alumnos .... muy contentos cuando les dije que no haríamos ningún examen.
5. Antes no era así, pero desde que tuvo aquel problema, ... muy meticulosa.
6. Al final de la tarde, los niños .... muy pesados y no hay quien los aguante.
7. Cuando le dieron la mala noticia, ... anonadado.
8. Su mayor deseo era que su hija .... médica.
9. La mayoría de los hombres .... calvos a los 40 años.
10. Tenía un perro que de viejo .... muy miedoso.
11. Era católica pero .... agnóstica en su madurez.
12. Esa profesora tiene muy buen carácter, aunque los niños griten, no .... nunca nerviosa.
13. Fernando Castaño .... famoso después de aquella película en la que trabajaba de galán.
14. Mis sobrinos .... locos de contento cuando les dijimos que nos íbamos a la feria.
15. ¡Qué grande .... este niño!
16. Debido a su enfermedad, Álvaro no pudo .... embajador de su país.
17. ¿Sabes? Carmen y yo .... socios del club de golf, para poder jugar todos los fines de semana.
18. Si sigues mirando directamente al sol, ... ciego.
19. Cuentan que todo lo que tocaba el rey Midas .... en oro.
20. Pero, hombre, di algo. ¿Te .... quedado mudo?

aciertos__ / 23

3. Averigüe qué significan estas expresiones y piense una situación para cada una.

Ej.: *1. Ponerse morado de comer. Por ejemplo, en la celebración de un cumpleaños.*

2. Ponerse blanco como la pared.

....

3. Quedarse en blanco.

....

4. Quedarse sin blanca.

....

5. Ponerse rojo.

....

6. Quedarse en los huesos.

....

7. Quedarse de piedra.

....

8. Hacerse el desentendido / loco / tonto.

....

9. Pasarse de listo.

....

INFINITIVO / SUBJUNTIVO CON VERBOS DE SENTIMIENTO, DESEO Y NECESIDAD (ALEGRARSE, GUSTAR, IMPORTAR, ENCANTAR, QUERER, ESPERAR, DESEAR...)

Observe

forma

Verbos de sentimiento, deseo y necesidad { + Infinitivo (mismo sujeto)
+ QUE + Subjuntivo (distinto sujeto)

.... USO ....

1. Las oraciones que dependen de verbos que expresan sentimientos, deseo o necesidad pueden llevar el verbo en Infinitivo o Subjuntivo:

> a) Infinitivo. Cuando el sujeto (sea lógico o gramatical) de los dos verbos es el mismo:
>> *Juan, ¿te importa traerme un vaso de agua?*
>>> (tú)   (tú)
>>
>> (sujeto lógico)
>> *Ellos no necesitan trabajar para vivir.*
>>> (ellos)   (ellos)
>
> b) Subjuntivo. Cuando el sujeto de los dos verbos no es el mismo:
>> *Quiero que hoy vuelvas pronto.*
>>> (yo)   (tú)
>>
>> *Esperaba que vinieras a buscarme.*
>>> (yo)   (tú)

2. CORRESPONDENCIA TEMPORAL. Si la oración principal va en tiempo pasado o condicional, la oración subordinada irá en Pret. Imperfecto de Subjuntivo:

> *A ella no le gustó que yo llegara tarde el sábado pasado.*
> *¿A ti te gustaría que tu mujer fuera famosa?*

ejercicios

correcciones

1. Complete las frases siguientes con los elementos del recuadro.

Perdona	¿Quieres	Esperaba	Se alegró de
No necesito	Lamento mucho	Le dolió mucho	Me he alegrado

Ej.: *1. Lamento mucho comunicarle que su solicitud no ha sido admitida.*

2. .... que no te naya llamado antes.
3. .... que vinieras a mi fiesta.
4. .... estropearme el programa o qué?
5. .... tener que vender la casa.
6. .... que la llamaras en Navidad.
7. .... que me des consejos.
8. .... de recibir tu carta.

2. Haga la transformación, como en el modelo.

Ej.: *1. Espero que no te olvides de mí.*
     Esperaba que no te olvidaras de mí.

2. Necesito que me digan la verdad.

....

*51   uso **avanzado***

aciertos___ / 8

3. Desean que te mejores.
....

4. Ellos esperan que vayamos a verlos.
....

5. Necesitamos que nos den la respuesta cuanto antes.
....

6. Esperamos que nos aviséis si hay alguna novedad.
....

7. Ellos quieren que yo trabaje incluso sábados y domingos.
....

8. No necesito que tú me defiendas.
....

9. Quieren que vayamos de vacaciones con ellos.
....

10. Espero que me escribáis desde Tokio.
....

3. Subraye el verbo adecuado.

Ej.: *1. Le molestó mucho que le cuente / <u>contara</u> a sus amigos lo de su separación.*

2. Me fastidia *tenga / tener* que madrugar para esa tontería.
3. Me extraña que no *llegar / haya llegado* todavía.
4. No nos importaría que *vengan / vinieran* a vivir con nosotros.
5. Le fastidió bastante que no le *hicieron / hicieran* caso cuando se quejó.
6. ¿No te alegras de que te *ascienden / hayan ascendido*?
7. A la nueva alumna le encantaba *esquíe / esquiar.*
8. ¿No le gustaría *hiciera / hacer* un viajecito por todo el mundo?
9. No importa que *parezca / parecer* tan segura, es sólo una niña.
10. Me alegro de que *hayas conseguido / conseguir* esa beca.
11. Me dolió mucho que no me *hayas llamado / llamaras* cuando murió tu padre.
12. No le importaba que él no le *dijera / decir* la verdad casi nunca.
13. Ya sé que no te gusta que te *hablar / hable* de esto.

4. Escriba el verbo entre paréntesis en la forma correcta.

Ej.: *1. ¿Te importa <u>dejarnos</u> solos un momento? (dejar)*

2. De pequeños nos gustaba que el abuelo nos .... cuentos antes de dormir. *(contar)*
3. A ése no le importaría .... cualquier cosa con tal de ganar dinero. *(hacer)*
4. Me encantaría que me .... un anillo de esos. *(regalar, ellos)*
5. A mi hermano pequeño le gustaría .... marinero. *(ser)*
6. Ella le deseó que .... un buen viaje y que se lo .... muy bien en la playa. *(tener, pasar).*

7. Me alegro de que Gonzalo, el domingo pasado, no me .... mi opinión. *(pedir)*
8. El comandante no quería .... su brazo a torcer. *(dar)*
9. Os deseamos que .... unas Felices Fiestas. *(pasar)*
10. No necesitamos que nos .... , sabemos ir solos. *(acompañar, tú)*
11. Me molestó enormemente que .... tan tacaño. *(ser)*
12. Nunca esperé .... hasta donde he llegado. *(llegar)*
13. ¿Quieres que te .... una cosa? Me encanta .... te. *(decir, ver)*
14. ¿Qué quieres que yo .... ? *(hacer)*
15. ¿Necesitas que te .... ? *(ayudar)*
16. A Eva le extrañó .... la en casa de sus amigos. *(encontrar)*
17. ¿Te apetece que .... a dar una vuelta? *(salir, nosotros)*
18. A mí me extrañó que .... en casa de sus padres. *(estar, ella)*
19. No nos gustó nada que .... tan tarde a la reunión. *(llegar, vosotros)*
20. Quisiera que .... que no estamos de acuerdo contigo. *(comprender, tú)*

5. Escriba alguno de estos verbos y el pronombre correspondiente en la oración principal. En cada caso hay varias respuestas posibles.

querer	desear	gustar	extrañar	molestar
apetecer	esperar	necesitar	alegrarse	

Ej.: *1. Te deseo que pases un feliz cumpleaños.*

2. .... que salgas todas las noches.
3. .... que me llamaras para ir al cine contigo.
4. .... mucho de que hayas conseguido ese premio.
5. ¿ .... tomar algo?
6. .... de recibir tu postal de Mallorca.
7. .... que algunos conductores vayan sin tener en cuenta al resto del mundo.
8. .... que tengas suerte.
9. .... que tratara a la gente tan mal.
10. .... reconciliarse contigo.

aciertos__ / 24

6. En la vida social tenemos muchas oportunidades de practicar una serie de fórmulas para expresar buenos deseos, condolencia, disculpas, quejas, etc. Intente escribir la fórmula adecuada a cada una de estas situaciones. Puede haber varias.

Ej.: *1. Unos amigos se van de viaje.*
    Espero que tengáis un buen viaje.

2. Usted llega tarde a una reunión, clase, etc.: pida disculpas y dé una justificación a su tardanza.

    ....
    ....

ejercicios

correcciones

3. Ha ido a ver a un amigo enfermo. ¿Qué le dice al despedirse?
....
....

4. Alguien le dice que al día siguiente tiene un examen o una entrevista bastante importante. ¿Qué le desea usted?
....
....

5. La misma persona le comunica que ha aprobado el examen o que ha conseguido el trabajo.
....
....

6. Tiene unos vecinos muy ruidosos que están celebrando una fiesta el domingo por la noche. Pídales educadamente que dejen de hacer ruido.
....
....

7. Es el cumpleaños de alguien. Además de desearle felicidad, ¿cómo le desearía una larga vida?
....
....

7. Por carta, también hay ocasiones para expresar deseos, disculpas, etc. Complete los siguientes mensajes.

1)

Querido amigo,
¿qué tal estás? Yo estoy bien.
Me alegré mucho de .... tu carta el verano pasado.
Perdona que no te .... antes, pero es que ....
....
Eva

2)

Muy señores míos:
He visto un anuncio en el periódico de unos cursos de quiromasaje, que me interesan mucho. Les agradecería mucho que .... toda la información posible: el precio, la duración, los horarios, etc.

3)

> Muy señores míos:
>   Quisiera .... una habitación en
> su hotel para la segunda quincena de julio.

4)

Querida Marta,
he recibido tu invitación de boda. Te agradezco
mucho que .... , pero no voy a poder
asistir porque ....
.... **Emilio**

5)

Sr. Director:

Somos un grupo de vecinos que estamos soportando muchas molestias por vivir en un barrio que está de moda para salir por las noches. Por esto queremos quejarnos de varias cosas. Primero, estamos hartos de
....
....
....
....
....
....
....
....

Tema 9. Puntuación total ___ / 58

PRÁCTICA DE LAS ORACIONES CONDICIONALES (SI, EN CASO DE QUE, CON TAL DE QUE...)

Observe

FÁBULA
LA CIGARRA
Y LAS HORMIGAS
Una cigarra cantaba
mientras las
hormigas
trabajaban...

Si no trabajas, no **tendrás** comida en el invierno

Si no **pensarais** tanto en el invierno, **seríais** menos aburridas

1a

1b

Bueno, quedamos a las cinco, pero **en caso de que no puedas** venir, llámame, por favor

1c

Toma, anda, come un poco; pero **si hubieras trabajado** antes, ahora **tendrías** comida

Vale

2

3

TAQUILLA
NO HAY LOCALIDADES PARA HOY
TEATRO

4

Si lo **hubiéramos sabido**, habríamos ido al cine...

Con tal de que este niño **coma** somos capaces de todo, pero ni por esas

forma

Pretérito Pluscuamperfecto (Subjuntivo)	{	Pretérito Imperfecto de HABER (Subjuntivo) + Participio Pasado

Pretérito Imperfecto de HABER (Subjuntivo)   **Participio Pasado**

(yo)	**hubiera**	
(tú)	**hubieras**	
(él/ella/Vd.)	**hubiera**	*hablado / bebido / escrito*
(nosotros/-as)	**hubiéramos**	
(vosotros/-as)	**hubiérais**	
(ellos/ellas/Vds.)	**hubicran**	

Condicional Compuesto	{	Condicional Simple de HABER + Participio Pasado

Condicional Simple de HABER (Subjuntivo)   **Participio Pasado**

(yo)	**habría**	
(tú)	**habrías**	
(él/ella/Vd.)	**habría**	*hablado / bebido / escrito*
(nosotros/-as)	**habríamos**	
(vosotros/-as)	**habríais**	
(ellos/ellas/Vds.)	**habrían**	

Oraciones condicionales con SI:

Oración subordinada   Oración principal

a) **PRESENTE DE INDICATIVO** ⟶ **PRESENTE / FUTURO / IMPERATIVO**

b) **PRET. IMPERFECTO SUBJUNTIVO** ⟶ **CONDICIONAL**

c) **PRET. PLUSCUAMPERFECTO SUBJ.** ⟶ **PLUSCUAMPERFECTO / CONDICIONAL COMPUESTO**

d) **PRET. PLUSCUAMPERFECTO SUBJ.** ⟶ **CONDICIONAL SIMPLE**

···· USO ··

1. Las oraciones condicionales introducidas por **si**, pueden tener las siguientes estructuras:

a) Oraciones que expresan condiciones posibles de cumplir:
> *Si tienes tiempo*, *ven a mi casa.*
> *Si vienes a mi casa*, *te invitaré a café.*
> *Si podemos*, *vamos al cine.*

b) Condición poco probable o imposible:
> *Si tuviera tiempo*, *iría a tu casa.*

c) Condición que no se cumplió en el pasado:
> *Si hubiera tenido tiempo*, *habría ido / hubiera ido a tu casa.*

d) Condición que no se cumplió en el pasado y que tiene repercusión en el presente:
> *Si hubiera ahorrado lo suficiente*, *no tendría que pedir un préstamo.*

2. Las oraciones introducidas por cualquier otro nexo condicional (**a no ser que, con tal de que, siempre que, como, en caso de que**) llevan el verbo en Subjuntivo, incluso cuando son del grupo **a)**:
> *En caso de que* *me* *necesites*, *llámame.*

3. Con tal de que y **siempre que** introducen oraciones que expresan que el cumplimiento de la condición es indispensable para que se realice algo:
> *Te prestaré mi coche* ***siempre que*** *me lo devuelvas antes del lunes.*

4. Las oraciones que llevan **como** tienen un matiz de advertencia, amenaza:
> ***Como*** *no vengas a mi boda, me enfadaré contigo.*

ejercicios

correcciones

1. Complete el cuadro.

PRETÉRITO PLUSCUAMPERFECTO SUBJ.	CONDICIONAL COMPUESTO
Ej.: 1. tener *hubieras tenido*	*habrías tenido*
2. escribir	....
3. abrir	....
4. venir	....
5. saber	....
6. estudiar	....
7. leer	....
8. dormir	....
9. poner	....

aciertos___ / 16

ejercicios

correcciones

2. Relacione.

Ej.: *1. Si lo hubiera sabido* ⟶ *a. no habría venido.*

2. Si hubieras visto la película
3. Si hubiera estado en casa
4. Si hubieras venido antes
5. Si hubiera tenido dinero
6. Si hubiera recibido tu carta
7. Si hubiéramos salido antes

b. habría cogido el teléfono.
c. te habría contestado ya.
d. te habría gustado.
e. no habríamos perdido el tren.
f. habrías visto a Lolita.
g. me lo hubiera comprado.

3. ¿Qué hubiera pasado si...

Ej.: *1. ... tú hubieras nacido en Filipinas?*
Si yo hubiera nacido en Filipinas, ahora hablaría tagalo.

2. ... tu padre / madre hubieran sido supermillonarios?
....
3. ... hubieras nacido en el s. XV?
....
4. ... no hubieras conocido a tu pareja?
....
5. ... no hubieras empezado a estudiar español?
....
6. ... te hubieras convertido en una artista famosa?
....

4. Subraye el verbo adecuado.

Ej.: *1. Si Carlos hubiera corrido, no perdería / habría perdido el autobús.*

2. Si hubiera tenido tiempo, te *llamaría / habría llamado* por teléfono.
3. Yo hubiera ido a verlo también si *hubiera sabido / sabría* que era tan interesante.
4. No *estarías / hubieras estado* tan mal si hubieras ido al médico.
5. Si me *hubieras / habrías llamado* por teléfono, hubiera ido a buscarte al aeropuerto.
6. Lo conozco muy bien, si él *fuera / sería* culpable, yo lo notaría.
7. Si *sabría / hubiera sabido* que aquí llovía tanto, me habría traído el paraguas.

5. Forme frases condicionales siguiendo el modelo.

Ej.: *1. Los generales no han aceptado las condiciones y por eso la guerra todavía no ha terminado.*
Si los generales hubieran aceptado las condiciones, la guerra ya habría terminado.

2. Has suspendido cinco asignaturas y no puedes pasarte todo el verano jugando con tus amigos.
....
....

aciertos__ / 13

3. No hemos traído el coche porque aquí siempre hay problemas de aparcamiento.

....

....

4. Se me han secado las plantas porque no las riego bastante.

....

....

5. Nosotros llegamos tarde a todas partes porque tardamos mucho en arreglarnos.

....

....

6. Nos hemos perdido porque no compramos un mapa, como yo te dije.

....

....

7. No le he dicho nada a Mayte porque no la he visto.

....

....

6. Complete con el verbo en el tiempo adecuado.

> Ej.: *1. En caso de que* <u>*tenga*</u> *algún problema, llámeme. (tener)*

2. Si .... aquí, te ponen una multa. *(aparcar)*
3. Dijo que vendría el domingo sin falta, a no ser que le ....
   algún imprevisto. *(surgir)*
4. Con tal de que no .... mucho ruido, podéis poner la tele,
   la radio o lo que queráis. *(hacer)*
5. Le dijeron que si no .... pagar el alquiler, tenía que dejar
   el piso. *(poder)*
6. Puedes quedarte con mi perro, pero siempre que lo ....
   bien. *(cuidar)*
7. Como no .... tu habitación hoy, no saldrás mañana con
   tus amigos. *(limpiar)*
8. Si Luis no trabajara, ... con los niños. *(quedarse)*
9. Si te ...., coge un libro. *(aburrir)*
10. La conferencia es a las 8, en caso de que no .... venir,
    llama por teléfono. *(poder)*

7. Complete las frases con uno de los nexos del recuadro.

en caso de que (2)   con tal de que   si (2)   como   siempre que (2)

> Ej.: *1.* <u>*En caso de que*</u> *los resultados de los análisis sean positivos,*
> *deberá operarse sin falta.*

2. Saldré contigo, ... me lleves a un sitio tranquilo.
3. .... no hay entradas para esa obra, podemos ir a
   ver la otra, ¿no?

4. Te prestaría el dinero que necesitas .... me lo devolvieras a final de mes.

5. Te dejo salir a la calle a jugar .... me dejes tranquilo un rato.

6. Este aparato tiene garantía. .... no funcione bien, se lo cambiaremos por otro.

7. .... ves a Asunción, dile que la llamaré un día de estos.

8. .... no estés aquí a las ocho en punto, yo me voy.

8. Formule las preguntas siguiendo el ejemplo.

Ej.: 1. ¿Cómo (reaccionar, tú) si un dependiente te (devolver) más dinero del que te corresponde?
¿Cómo *reaccionarías* si un dependiente te *devolviera* más dinero del que te corresponde?

2. ¿Qué *(hacer, tú)* si la televisión *(estropearse)* en mitad de una película interesantísima?
....

3. ¿Qué *(hacer, tú)* si *(ver, tú)* a una persona robándole el bolso a una anciana?
....

4. ¿Qué *(hacer, tú)* si un día se te *(olvidar)* las llaves dentro de tu casa y no *(tener)* otras?
....

5. ¿Qué *(decir, tú)* si *(ver, tú)* en un restaurante de lujo a un amigo que te debe dinero desde hace más de un año?

6. ¿A quién *(llamar, tú)* si *(quedarse, tú)* sin gasolina en una carretera?
....

7. ¿Qué *(hacer, tú)* si te *(encontrar, tú)* una cartera con mucho dinero en la calle?
....

aciertos___ / 11

9. Responda usted mismo a las preguntas. También puede preguntarle a un compañero/-a y anotar sus respuestas.

Ej.: 1. *Si* un dependiente me *devolviera* más dinero del que me corresponde, se lo *diría* inmediatamente.

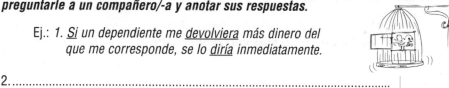

2. ....
3. ....
4. ....
5. ....
6. ....
7. ....

Tema 10. Puntuación total ___ / 56

PRÁCTICA DE LA COMPARACIÓN

Observe

forma

COMPARACIÓN DE ADJETIVOS, SUSTANTIVOS Y ADVERBIOS

De superioridad e inferioridad:

(Verbo) + **MÁS / MENOS** + Sust. / Adj. / Adv. + **QUE / DE** + ...
  *La película de hoy **me ha parecido más entretenida que** la del domingo pasado.*

De igualdad:

Verbo + **TANTO COMO** + ...
Verbo + **TAN** + Adjetivo / Adverbio + **COMO** ...
Verbo + **TANTO, -A, -OS, -AS** + Sustantivo + **COMO** ...
  *Mira, estos pantalones **no son tan caros como** los otros.*
  *Yo creo que los vecinos **no tienen tanto dinero como** dicen.*

SUPERLATIVO RELATIVO

el / la / lo / los / las MÁS / MENOS + Adjetivo + **DE / QUE** ...
  *Ana es **la más lista de la clase**.*

1. Se utiliza la preposición **de** para introducir la segunda parte de la comparación en los casos siguientes:

a) Cuando hablamos de una cantidad determinada:
*En la reunión había **más de 50 personas**.*

b) Cuando la comparación está basada en un adjetivo y la frase que sigue empieza por **lo que**:
*Esta casa es **más antigua de lo que** parece.*

c) Cuando la comparación está basada en un nombre y además es cuantitativa, sea con un número exacto o no:
*Han llegado muchos **más pantalones de los que** habíamos pedido.*

2. Se utiliza **como si + Pret. Imperfecto / Pluscuamperfecto de Subjuntivo** para hacer una comparación exagerada:
*Me he comido una galleta y parece **como si me hubiera comido** un paquete entero.*

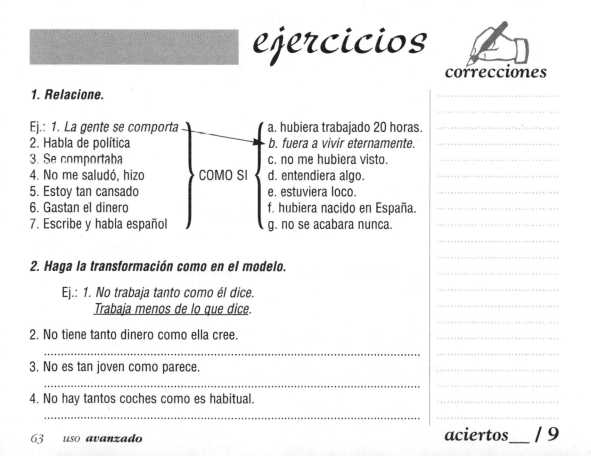

ejercicios

corecciones

1. Relacione.

Ej.: *1. La gente se comporta*		a. hubiera trabajado 20 horas.
2. Habla de política		*b. fuera a vivir eternamente.*
3. Se comportaba		c. no me hubiera visto.
4. No me saludó, hizo	COMO SI	d. entendiera algo.
5. Estoy tan cansado		e. estuviera loco.
6. Gastan el dinero		f. hubiera nacido en España.
7. Escribe y habla español		g. no se acabara nunca.

2. Haga la transformación como en el modelo.

Ej.: *1. No trabaja tanto como él dice.*
Trabaja menos de lo que dice.

2. No tiene tanto dinero como ella cree.
....

3. No es tan joven como parece.
....

4. No hay tantos coches como es habitual.
....

5. Las manzanas no son tan buenas como pensábamos.

....

6. No es tan inteligente como parece.

....

7. La operación no fue tan complicada como dijeron.

....

8. Ella no es tan seria como él dice.

....

9. No hemos gastado tanto como creíamos.

....

10. Las noticias no son tan buenas como esperábamos.

....

3. Transforme según el modelo.

Ej.: *1. ¡Qué chica tan generosa!*
   Es la chica más generosa que conozco.
   No conozco otra chica tan generosa como ella.

2. ¡Qué película tan divertida!
.... he visto en mi vida.
.... ésta.

3. ¡Qué profesor tan pedante!
.... he conocido.
.... éste.

4. ¡Qué niña tan traviesa!
.... conozco.
.... ella.

5. ¡Qué hombre tan antipático!
.... he conocido.
.... él.

6. ¡Qué hotel tan lujoso!
.... he visto nunca.
.... éste.

7 .¡Qué casa tan bonita!
.... hay en este pueblo.
.... ésta.

aciertos__ / 18

4. Construya frases comparativas con los elementos que siguen. Puede hacer un modelo o más de uno.

Ej.: *1. Te encuentro / bien / el verano pasado.*
   Te encuentro mejor que el verano pasado.
   No te encuentro tan bien como el verano pasado.
   Te encuentro peor que el verano pasado.

2. Ayer / llovió / hoy.

....

3. Ahora / hablas / fluidamente / antes.

....

4. La salud / importante / el dinero.

....

5. Ahora / madrugo / antes.

....

6. A mí me gusta el café / cargado / a ti.

....

7. Hoy / hace / mucho / frío / ayer.

....

8. Ernesto / no trabaja / antes.

....

9. Este secretario / eficaz / el otro.

....

10. En Segovia no hay / médicos / Madrid.

....

11. Jaime / ha recorrido / mucho / mundo / todos nosotros.

....

12. Yo creo / este niño / se parece / a su madre / a su padre.

....

13. He visto / mi padre / mal / ayer.

....

14. Vivir en el campo / sano y tranquilo / en la ciudad.

....

5. Con los datos de los dos recuadros, forme frases libremente.

tocar el piano	nadar	pasear	bailar sevillanas
leer	hacer punto	cocinar	conducir
montar a caballo	hacer "puenting"	ver la tele	montar en bici
coleccionar sellos	pescar	esquiar	escuchar música

divertido	entretenido	peligroso	aburrido
pesado	relajante	caro	emocionante

Ejemplo: *Coleccionar sellos es mucho más relajante que bailar sevillanas.*

....
....
....
....
....
....
....
....
....
....
....
....

Tema 11. Puntuación total __ / 27

Tema 12

PERÍFRASIS VERBALES (acabo de terminar, se ha puesto a llover, sigue lloviendo...)

Observe

---

forma

PERÍFRASIS VERBALES

Verbo (F. Pers.) + (Preposición) + INFINITIVO / GERUNDIO / PARTICIPIO

···· USO ··································

1. Las perífrasis verbales se suelen clasificar según el verbo no personal sea INFINITIVO, GERUNDIO o PARTICIPIO.

a) **Verbo personal + (preposición) + INFINITIVO.**

> **-Poner(se) a, empezar a, echar a** = Comienzo:
> *Cuando amaneció, los excursionistas **echaron a andar**.*

> **-Volver a** = Repetición:
> *Manuel se rompió el brazo el año pasado y este año **ha vuelto a rompérselo**.*

> **-Venir a, llegar a, acabar de, dejar de** = Terminación.
> *Marta **llegó a terminar** la carrera después de muchos años en la universidad.*

> **-Deber** = Obligación:
> *Todo el mundo **debe respetar** las leyes.*

> **-Deber de** = Hipótesis:
> *A. ¿Sabes qué hora es?, no he traído el reloj.*
> *B. Yo tampoco, pero **deben de ser** las dos o dos y media.*

b) **Verbo personal + GERUNDIO.**

> **-Ir, venir** = Frecuencia, repetición:
> *Rosa **va diciendo** que ella es la mejor vendedora de la empresa.*

> **-Llevar, seguir** = Continuidad:
> *A. ¿Todavía **sigues estudiando** música?*
> *B. No, ya lo he dejado.*

c) **Verbo personal + PARTICIPIO.**

> **-Llevar, tener** = Terminación:
> *A. ¿Cuántos temas **llevas hechos** hasta ahora?*
> *B. Quince.*

2. La perífrasis **venir a + infinitivo**, se usa frecuentemente para expresar valor de algo o cálculo aproximado:

> *A. ¿Cuánto costará una máquina de esas?*
> *B. Yo calculo que cada una **vendrá a costar** unos 10 millones de pesetas.*

1. Complete cada frase con una de las perífrasis del recuadro.

he vuelto a ver	vendrá a costar	tienes preparados	tengo dicho
va diciendo	llegó a acabar	venimos ganando	acabo de verlo
dejan de hacer	se puso a llover		

Ej.:1. *Yo creo que un aparato de esos <u>vendrá a costar</u> unos 300 euros, más o menos.*

2. ¿Sabes? un paisano tuyo .... por ahí que no tienes ni un duro.
3. A. ¿Qué sabes de Carmela?
   B. Pues nada, no la .... desde que se mudó de barrio.
4. A. ¿Sabes dónde está el niño?
   B. Sí, ... en la cocina.
5. Javier no .... el curso porque se puso enfermo.
6. Si no .... tanto ruido en el bar de abajo, voy a tener que llamar a la policía.
7. Marisa, te .... mil veces que no saltes en la cama.
8. Cuando menos lo esperábamos, ... a cántaros.
9. ¿ .... los paquetes que vas a mandar?
10. A. ¿Qué tal os va el negocio?
    B. Bien, entre unas cosas y otras, ... unos 150.000 euros al año.

2. Subraye la forma adecuada.

Ej.: *1. Ana Mª lleva trabajado / <u>trabajando</u> 20 años como ilustradora.*

2. El perro lleva *ladrando / ladrado* toda la noche.
3. El teléfono lleva *sonando / sonado* más de diez minutos.
4. Nosotros no llevamos *viviendo / vividos* aquí mucho tiempo.
5. Andrés lleva *haciendo / hechos* cinco temas.
6. ¿Llevas *esperando / esperado* el autobús mucho tiempo?
7. ¿Cuántos folios llevas *escribiendo / escritos* hasta ahora?
8. Se vio que el abogado no llevaba *preparando / preparada* la defensa de su cliente.
9. Estoy cansadísima, llevo *corrigiendo / corregido* desde las nueve de la mañana.
10. Hasta ahora llevamos *pagando / pagadas* muchas multas tuyas.
11. Mi hermano lleva *haciendo / hechos* pasteles toda la tarde.
12. Ya llevo *leyendo / leídas* 300 páginas de tu novela.
13. Esta noche ya llevo *ganando / ganados* 300 euros en la ruleta.

3. Escoja la respuesta adecuada.

Ej.: *1. La policía <u>sigue buscando</u> al banquero de Valencia.*
   a) lleva buscando
   b) sigue buscando
   c) va buscando

ejercicios

correcciones

2. Yo calculo que Anita .... unos 45 años.
   a) va a tener
   b) vuelve a tener
   c) debe de tener

3. ¡Por fin .... !
   a) acaba de llover
   b) ha dejado de llover
   c) tiene que llover

4. Cuando vio a sus padres .... hacia ellos.
   a) echó a correr
   b) lleva corriendo
   c) empezó corriendo

5. Ella .... más o menos lo mismo que yo. *calcular*
   a) lleva ganando
   b) viene a ganar
   c) acaba ganando

6. En la radio .... que la gasolina .... otra vez.
   a) dejan de decir ... viene a subir
   b) acaban de decir ... va a subir
   c) llegan a decir ... debe de subir

7. Su hijo debe .... cuanto antes. = *ya, lo más pronto posible*
   a) empieza a trabajar
   b) ponerse a trabajar
   c) echar a trabajar

8. María dice que no piensa .... en la vida.
   a) volver a casarse
   b) ponerse a casarse
   c) dejar de casarse

9. Yo creo que él no .... a sus padres, porque murieron muy jóvenes.
   a) vino a conocer
   b) dejó conocer
   c) llegó a conocer

10.   A. Y tu yerno, ¿qué tal?
     B. Bien, ... poco a poco, gracias.
     a) viene mejorando
     b) va mejorando
     c) empieza mejorando

11. Si sigues así, ... al médico.
   a) vas a venir
   b) tendrás que ir
   c) acabas de ir

aciertos__ / 10

ejercicios

correcciones

12. ¿No dijiste que no .... más?
 a) volverías a fumar
 b) llegarías de fumar
 c) irías a fumar

13. .... con mucho entusiasmo para que el fuego no se apagara.
 a) Se pusieron a soplar
 b) Se fueron a soplar
 c) Vinieron a soplar

14. Por favor, no .... otra vez.
 a) dejes de quejarte
 b) empieces a quejarte
 c) llegues a quejarte.

15. Todavía no he visto a nadie, ...
 a) empiezo a llegar
 b) dejo de llegar
 c) acabo de llegar

16. Se le puso la cara roja del jarabe que se ....
 a) empezaba a beber
 b) venía a beber
 c) acababa de beber

17. A pesar de los años, me .... las críticas negativas.
 a) llevan doliendo
 b) siguen doliendo
 c) esperan doliendo

18. ¿ .... la comida?
 a) Sigues preparada
 b) Tienes preparada
 c) Vienes preparada

19. ¿Sabes que Marta .... con su padre?
 a) ha dejado de trabajar
 b) ha acabado de trabajar
 c) va trabajando

20. El extranjero .... con ojos incrédulos.
 a) se dejó mirando
 b) se quedó mirando
 c) se fue mirando

4. Construya preguntas siguiendo el modelo.

> Ej.: *1. Vivir en el barrio.*
> *¿Sigues viviendo en el barrio?*

2. Salir con Lucía.
....

correcciones

3. Trabajar en la misma empresa.
....

4. Ir de vacaciones a la misma playa de todos los veranos.
....

5. Estudiar astronomía.
....

6. Ver a los amigos de antes.
....

aciertos___ / 4

Tema 12. Puntuación total ___ / 45

PRÁCTICA DE LAS ORACIONES CONSECUTIVAS Y COMPARATIVAS

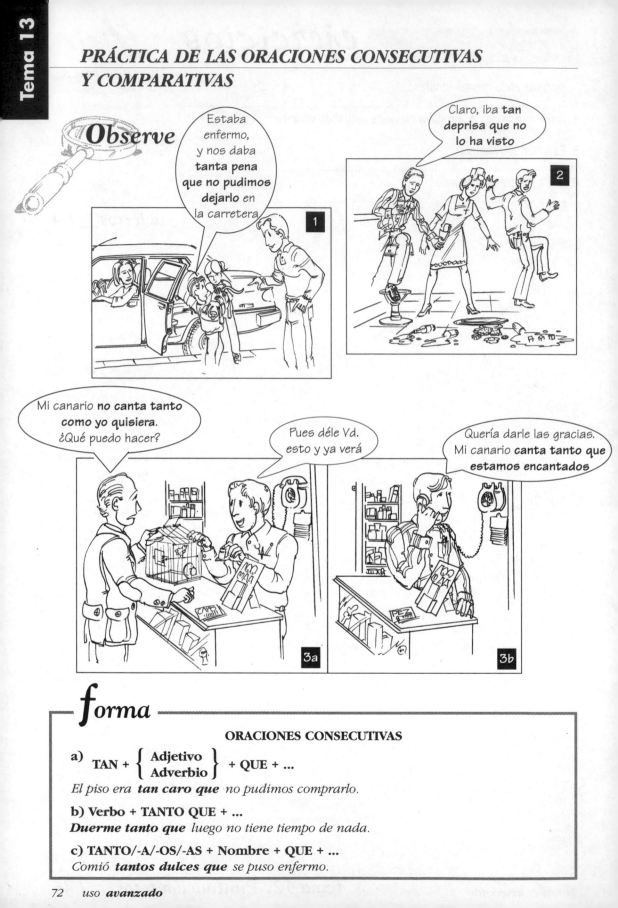

Observe

1. Estaba enfermo, y nos daba **tanta pena que no pudimos dejarlo** en la carretera

2. Claro, iba **tan deprisa que no lo ha visto**

3a. Mi canario **no canta tanto como yo quisiera**. ¿Qué puedo hacer?

Pues déle Vd. esto y ya verá

3b. Quería darle las gracias. Mi canario **canta tanto que estamos encantados**

forma

ORACIONES CONSECUTIVAS

a) TAN + { **Adjetivo** / **Adverbio** } + QUE + ...

*El piso era **tan caro que** no pudimos comprarlo.*

b) Verbo + TANTO QUE + ...

***Duerme tanto que** luego no tiene tiempo de nada.*

c) TANTO/-A/-OS/-AS + Nombre + QUE + ...

*Comió **tantos dulces que** se puso enfermo.*

.... *uso* ....

Las oraciones consecutivas se usan para expresar la consecuencia de una acción, circunstancia o cualidad indicada en la oración principal. Al mismo tiempo, intensifican la expresión y le dan fuerza:

> **Trabaja tan despacio que nunca termina** *a tiempo.*
> (= Trabaja muy despacio.)

correcciones

1. Relacione.

Ej.: *1. Era tan alto* ⟶ *a. que no cabía por la puerta.*

2. Tiene tanto desorden
3. Dio tantos gritos
4. Había tanta gente
5. Tiene los pies tan grandes
6. Hacía tanto calor
7. La película era tan aburrida
8. Ha dicho tantas mentiras

b. que no pudimos ver bien el guiñol.
c. que le oyeron a varios km.
d. que ni él mismo sabe lo que tiene.
e. que el público se dormía.
f. que no encuentra zapatos de su número.
g. que nadie le cree.
h. que las piedras quemaban.

2. Forme frases como en el ejemplo.

Ej.: *1. Estábamos todos muy cansados. Nos acostamos pronto.*
Estábamos todos tan cansados que nos acostamos pronto.

2. El accidente fue muy rápido. Nadie se dio cuenta de lo que pasó.
....

3. La carta tenía muchas faltas. Tuve que escribirla otra vez.
....

4. Llovía mucho. No se pudo recoger la cosecha.
....

5. El agua estaba muy turbia. No quisimos beber.
....

6. Hay muchas cosas que hacer. No sé por dónde empezar.
....

7. Fuma mucho. Acabará por ponerse enfermo.
....

8. Había mucha nieve. Los coches no podían pasar.
....

9. Estaba muy contenta. Se puso a cantar.
....

aciertos__ / 15

ejercicios

correcciones

3. Escoja la respuesta adecuada.

> Ej.: *1. Aunque no lo creas, ahora ya no como <u>tanto como</u> antes.*
> *a) tan que*
> *b) tanto como*
> *c) tanto que*

2. Salía .... esporádicamente .... muy pocos vecinos lo veían.
   a) tan ... como
   b) tanto ... que
   c) tan ... que

3. Iván se asustó .... se le pusieron los pelos de punta.
   a) tan como
   b) tanto que
   c) tanto que

4. El negocio ese no es .... rentable .... dice.
   a) tan ... que
   b) tanto ... como
   c) tan ... como

5. En Galicia llueve .... en Londres.
   a) tanto como
   b) tan como
   c) tanto que

6. Estaba .... harta de la vida que llevaba .... sólo quería perder
   de vista la ciudad.
   a) tanta ... como
   b) tanta ... que
   c) tan ... que

7. En esa película ya no trabaja .... bien .... en la otra.
   a) tan ... como
   b) tanto ... como
   c) tan ... que

8. Una noche, estaba .... desesperado .... salió a dar un paseo
   porque no podía dormir.
   a) tanto ... como
   b) tan ... que
   c) tan ... como

9. Me agarró con .... fuerza .... yo pensaba que íbamos a caernos.
   a) tan ... como
   b) tanta ... como
   c) tanta ... que

10. En los hoteles no se puede dormir .... cómodamente .... en la
    casa propia.
    a) tan ... como
    b) tanto ... como
    c) tan ... que

74   *uso* **avanzado**

aciertos__ / 9

11. Este año no han venido .... turistas .... otras veces.
    a) tantas ... que
    b) tantos ... como
    c) tantos ... que

12. Cómprate ese traje. No es .... caro .... crees.
    a) tan ... que
    b) tanto ... como
    c) tan ... como

13. Es .... egoísta .... no quiere saber nada de los problemas de sus hermanos.
    a) tan ... que
    b) tanto ... como
    c) tanta ... que

14. Conduce .... cuidadosamente .... nunca ha tenido un accidente.
    a) tanto ... que
    b) tan ... que
    c) tanto ... como

15. Corría .... sus piernas le permitían.
    a) tanto que
    b) tan como
    c) tanto como

comparaisa

la comparative

aciertos__ / 5

Tema 13. Puntuación total __ / 29

SER / ESTAR + ADJETIVO + QUE + INDICATIVO / SUBJUNTIVO (ESTÁ VISTO / CLARO / COMPROBADO, ES NECESARIO / NORMAL / MEJOR)

Observe

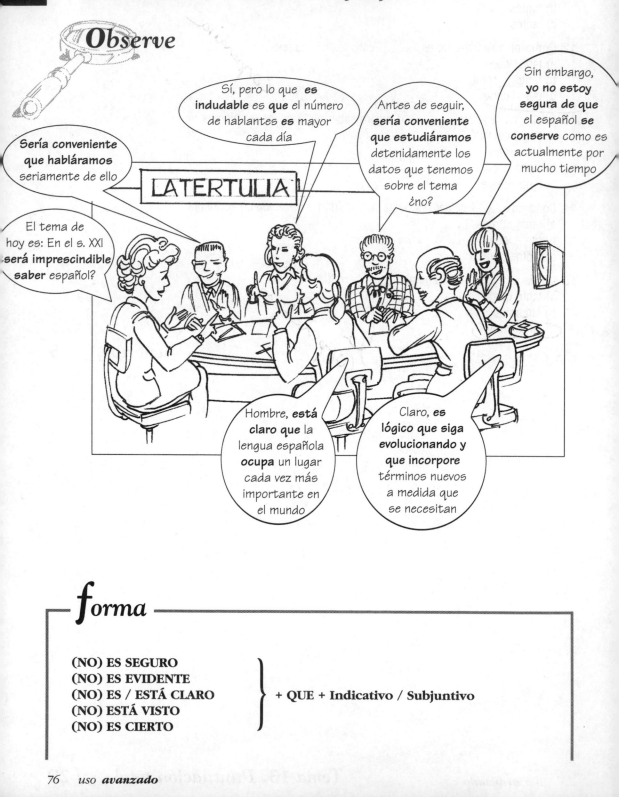

Sí, pero lo que **es indudable** es **que** el número de hablantes **es** mayor cada día

Antes de seguir, **sería conveniente que estudiáramos** detenidamente los datos que tenemos sobre el tema ¿no?

Sin embargo, **yo no estoy segura de que** el español **se conserve** como es actualmente por mucho tiempo

Sería conveniente que habláramos seriamente de ello

El tema de hoy es: En el s. XXI **será imprescindible saber** español?

Hombre, **está claro que** la lengua española **ocupa** un lugar cada vez más importante en el mundo

Claro, **es lógico que siga evolucionando y que incorpore** términos nuevos a medida que se necesitan

LATERTULIA

forma

(NO) ES SEGURO
(NO) ES EVIDENTE
(NO) ES / ESTÁ CLARO   } + QUE + Indicativo / Subjuntivo
(NO) ESTÁ VISTO
(NO) ES CIERTO

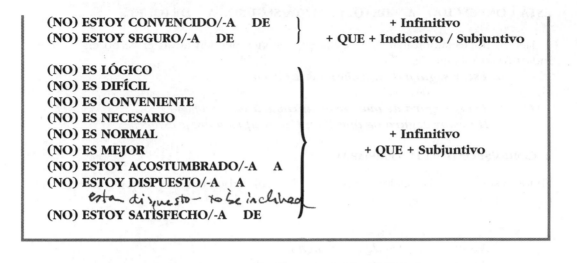

(NO) ESTOY CONVENCIDO/-A DE	+ Infinitivo
(NO) ESTOY SEGURO/-A DE	+ QUE + Indicativo / Subjuntivo

(NO) ES LÓGICO	
(NO) ES DIFÍCIL	
(NO) ES CONVENIENTE	
(NO) ES NECESARIO	
(NO) ES NORMAL	+ Infinitivo
(NO) ES MEJOR	+ QUE + Subjuntivo
(NO) ESTOY ACOSTUMBRADO/-A A	
(NO) ESTOY DISPUESTO/-A A	
estar dispuesto - to be inclined	
(NO) ESTOY SATISFECHO/-A DE	

···· *USO* ··

ES SEGURO, ES / ESTÁ CLARO, ESTÁ VISTO QUE

Las oraciones subordinadas introducidas por frases como **es seguro, está claro**, etc., pueden llevar el verbo en Indicativo o Subjuntivo:

1. Indicativo. Cuando la oración principal es afirmativa:

> ***Es evidente que*** *Mª José **tiene** mucho prestigio entre sus colegas.*

2. Subjuntivo. Cuando la oración principal es negativa:

> ***No es seguro*** *todavía **que** Jesús y Lola **vayan a hacer** huelga.*

ES LÓGICO, ES DIFÍCIL, ES MARAVILLOSO QUE...

Las oraciones subordinadas introducidas por frases como **es lógico, es difícil, es maravilloso**, etc., pueden llevar el verbo en Infinitivo o en Subjuntivo:

1. Infinitivo. Cuando el sujeto de las dos oraciones (principal y subordinada) es el mismo o no hay un sujeto determinado:

> ***Está acostumbrado a llegar*** *tarde siempre.*
>   (él)   (él)
> ***Es maravilloso vivir*** *en el campo.*

2. Subjuntivo. Cuando el sujeto de las dos oraciones no es el mismo:

> ***No está acostumbrada a que*** *le **manden**.*
>   (ella)   (ellos/-as)
> ***Es lógico que desconfíe*** *de todo el mundo. Ha tenido muchos desengaños ya.*

ESTÁ CONVENCIDO, -A   DE (QUE) / ESTÁ SEGURO, -A   DE (QUE)...

1. Las oraciones subordinadas de estas expresiones pueden llevar el verbo en Infinitivo, Indicativo o Subjuntivo:

> **Estoy segura de aprobar** este examen.
>   (yo)   (yo)
> **Estoy segura de que** Elena **aprobará** este examen.
> **No estoy segura de que** Juan Carlos **apruebe** este examen.

2. CORRESPONDENCIA TEMPORAL

En los casos en que la oración subordinada lleva el verbo en modo Subjuntivo, caben diferentes correlaciones temporales:

    a) Verbo principal en Presente:
> **No estoy seguro de que vengan.**
> **No estoy seguro de que hayan venido.**
> **No estoy seguro de que vinieran.**
> **No estoy seguro de que hubieran venido.**

    b) Verbo principal en Pasado:
> **No estaba seguro de que vinieran.**
> **No estaba seguro de que hubieran venido.**

    c) Verbo principal en Futuro:
> **Será mejor que vengas pronto.**

    d) Verbo principal en Condicional:
> **Sería conveniente que vinieran.**

 *ejercicios*

correcciones

1. Complete las frases con uno de los elementos del recuadro.

Está encantada	Está decidida	No estoy seguro	Están acostumbrados
No estoy dispuesto		Está muy orgullosa	Está convencido

Ej.: *1. No estoy dispuesto a que me tomen más el pelo.*

2. .... a llevar el asunto a los tribunales.
3. .... de que acepten nuestra oferta.
4. .... de haber conseguido el Premio Nobel de Física.
5. .... de que lo van a readmitir en la empresa.
6. .... de trabajar en el cine.
7. .... a que yo les resuelva todos los problemas.

aciertos___ / 6

2. Subraye el verbo adecuado.

> Ej.: *1. Sería conveniente que vayas / fueras tú mismo y veas / vieras los destrozos que han hecho.*

2. No es fácil *aceptar / que aceptara* la muerte de los seres queridos, sobre todo si son jóvenes.
3. Al final, no fue preciso *llamar / que llames* a la ambulancia.
4. Es evidente que Roberto *está / esté* totalmente enamorado de Sonia.
5. Era imprescindible que el notario *levante / levantara* acta de la sesión.
6. Nos fuimos pronto porque *fue / era* probable que *empiece / empezara* a llover de un momento a otro.
7. ¿Es imprescindible *hacer / que hiciera* el examen para pasar al curso siguiente?
8. No es justo que *cierran / cierren* el Centro Dramático Nacional por falta de presupuesto.
9. Para poder cumplir nuestros objetivos, sería necesario que los países ricos *aporten / aportaran* más dinero.
10. ¿No crees que era injusto que siempre *tenga / tuviera* que pagar yo sus multas?
11. Está visto que, al final, *tenga / tengo* que ir yo otra vez al aeropuerto.
12. Lo más probable era que el ratón no *estaba / estuviera* allá dentro.

3. Complete las frases con un verbo en el tiempo y modo adecuados.

> Ej.: *1. Sería conveniente que tú también te ocuparas de la lavadora y plancharas las camisas. (ocupar, planchar)*

2. Estamos seguros de que Vdes. .... nuestra delicada situación. *(comprender)*
3. Antes, mi cliente no estaba dispuesto a .... su primera declaración, pero ahora, sí. *(rectificar)*
4. Era increíble que, media hora después, todavía no .... los bomberos. *(llegar)*
5. ¿Crees que es justo que a los jóvenes les .... la mitad que a los adultos por el mismo trabajo? *(pagar)*
6. Están hartos de que siempre les .... lo mismo en la oficina de empleo. *(decir, ellos)*
7. Se fue porque no estaba dispuesto a que le .... más. *(explotar)*
8. Hasta ahora no estaba convencido de que le .... la verdad. *(decir, ellos)*
9. ¿Cómo estábais seguros de que ella no .... a recoger el coche la noche anterior? *(venir)*
10. Ella no estaba segura de que la .... cuando explicó su proyecto. *(entender)*
11. ¿No es maravilloso que Sofía .... por fin el mes que viene? *(volver)*

aciertos___ / 21

correcciones

12. No era lógico que .... así con nosotros, después de todo lo que .... por él. *(portarse, él, hacer)*

13. Estamos muy orgullosos de que en nuestra Constitución se .... a las mujeres antes que a los hombres. *(mencionar)*

14. Sería conveniente que a las horas punta .... más autobuses de servicio. *(haber)*

15. No está claro que él .... el verdadero autor de los cuadros. *(ser)*

16. Será mejor que .... lo que te ha dicho el médico. *(hacer, tú)*

17. Es lógico que si uno .... sus impuestos, luego .... derecho a quejarse. *(pagar, tener)*

18. Es bastante probable que esta momia .... a algún personaje importante en su tiempo. *(pertenecer)*

19. Será mejor que nadie .... nada de esto. *(decir)*

20. Fue inútil que le ...., no quiso venir al viaje. *(insistir, nosotros)*

21. Es ridículo que .... así, a estas alturas. *(ponerse, tú)*

22. Sería conveniente que .... pronto, para evitar la caravana. *(salir, nosotros)*

23. Dijo que estaba acostumbrada a .... día y noche. *(trabajar)*

24. Mi madre estaba muy orgullosa de que yo .... estudiar Medicina, como ella. *(decidir)*

aciertos___ / 15

4. Exprese su opinión ante estas noticias.

Ej.: 1. *LOS ESPAÑOLES DE AHORA NO SON TAN MACHISTAS COMO LOS DE HACE 25 AÑOS.*
<u>*Estoy convencido de que es mentira*</u>.
<u>*Es lógico que sea así*</u>.

2. **HAY CRISIS EN EL EJÉRCITO. LOS CHICOS ESPAÑOLES NO QUIEREN HACER EL SERVICIO MILITAR.**

....
....

3. **UN AGENTE DE POLICÍA UTILIZA EL COCHE PATRULLA PARA HACER LA COMPRA EN EL HIPERMERCADO.**

....
....
....

4. **EL PRÓXIMO AÑO SE INAUGURARÁN DOS NUEVAS AUTOPISTAS A TRAVÉS DEL PARQUE NACIONAL DE DOÑANA. MILES DE AVES SE QUEDARÁN SIN UN LUGAR PARA VIVIR.**

....
....
....

5. **EL 60% DE LOS ESPAÑOLES ENTRE 20 Y 30 AÑOS CON UN PUESTO DE TRABAJO, AÚN NO HA ABANDONADO EL HOGAR FAMILIAR.**

....

....

....

6. LAS TASAS DE LA UNIVERSIDAD SUBIRÁN UN 8% EL PRÓXIMO CURSO.

....

....

....

7. **UN CONDUCTOR SE DA A LA FUGA TRAS ATRO-PELLAR A UN PEATÓN.**

....

....

....

Tema 14. Puntuación total __ / 42

PRÁCTICA DE LAS ORACIONES TEMPORALES

Observe

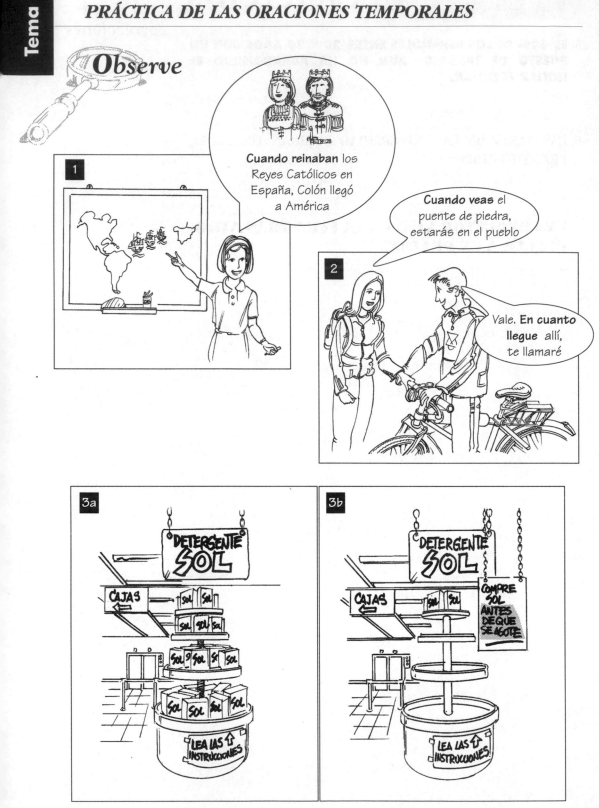

forma

ANTES DE		
DESPUÉS DE	⟶	+ Infinitivo
ANTES DE QUE	⟶	+ Subjuntivo

TAN PRONTO COMO
CUANDO
EN CUANTO
DESPUÉS DE QUE } + Indicativo / Subjuntivo
HASTA QUE
SIEMPRE QUE
MIENTRAS (QUE)

DESDE QUE ⟶ + Indicativo

uso

CUANDO, EN CUANTO, DESPUÉS DE QUE, HASTA QUE, SIEMPRE QUE, MIENTRAS QUE, TAN PRONTO COMO

Las oraciones temporales introducidas por los nexos anteriores, pueden llevar el verbo en Indicativo o Subjuntivo:

1. Indicativo. Cuando hablamos del Presente o del Pasado:
  *La gente no se fue a casa **hasta que** le **dijeron** que no había peligro.*
  ***Siempre que iba** al extranjero traía regalos para todos.*

2. Subjuntivo. Cuando hablamos del Futuro:
  *Quédate aquí **hasta que** yo **venga**.*
  ***Siempre que** vaya al extranjero te **traeré** un regalo.*
  ***Mientras** esté enferma, la niña no **podrá** ir al colegio.*

DESPUÉS DE (QUE)

1. Suele llevar el verbo en Infinitivo, sea con el mismo sujeto o con sujetos distintos:
  *¿Saldréis **después de cenar**?*
  (vosotros)   (vosotros)
  *¿Habéis visto a alguien **después de acabar** la película?*

2. Pueden usarse el Indicativo y el Subjuntivo cuando se habla del pasado, y el Subjuntivo cuando se habla del futuro:
  *No ha vuelto **después de** que le **dijeron / dijeran** aquello.*
  ***Después de** que el médico **venga**, podremos salir.*

ANTES DE (QUE)

Se suele usar el Infinitivo cuando el sujeto de los dos verbos es el mismo, y el Subjuntivo cuando el sujeto es distinto:

> **Antes de salir** de viaje, asegúrate de que llevas la documentación.
> Futuro: Vamos a terminar, **antes de que venga** el jefe.
> Pasado: Al final, ayer terminamos todo el trabajo **antes de que llegara** el jefe.

DESDE QUE

Las oraciones introducidas por **desde que** llevan normalmente el verbo en Indicativo:

> **Desde que murió** su marido ha cambiado mucho.

¿CUÁNDO...?

Las oraciones interrogativas directas e indirectas que comienzan por **cuándo** llevan el verbo en Indicativo:

> ¿Sabes **cuándo vendrá** Begoña?

ejercicios

correcciones

1. Complete las frases con las palabras del recuadro.

en cuanto (4)	desde que (4)	hasta que (2)	antes de que (2)
mientras (4)	después de (2)	cuando	

Ej.: *1. En cuanto sepas algo, llámame.*

2. .... se licenció no la he visto.
3. He venido .... me he enterado de la triste noticia.
4. .... unos hacían la comida, otros preparaban la mesa.
5. .... llegues, escríbeme.
6. .... ví esa película de terror, no puedo dormir.
7. .... dure la guerra no podemos viajar a nuestro país.
8. .... haya comido, voy a ayudarte en la tarea.
9. .... pudieran reaccionar los guardias, el prisionero escapó.
10. .... empiece el partido de fútbol, voy a preparar la cena.
11. La mujer, ... lo vio, se emocionó y lloró un poco.
12. Luis, ¡lávate los dientes .... comer chocolate!
13. .... salgo por la mañana, ... vuelvo a casa por la tarde, no paro.

aciertos__ / 13

14. Está buscando trabajo .... han cerrado su empresa.
15. No se dio cuenta de nada .... llegó a casa.
16. .... tú hablas por teléfono, yo voy a hacer un recado.
17. .... esperar dos horas, nos dijeron que la juez no vendría.
18. .... ella se duchaba, él preparó la cena.

2. Haga la transformación siguiendo el modelo.

Ej.: *1. Saldremos antes de que empiece el atasco.*
Salimos antes de que empezara el atasco.

2. Me voy a vestir, antes de que lleguen mis amigos.
....

3. Cenaremos antes de que vengan los otros.
....

4. Iré a dar un paseo antes de que anochezca.
....

5. Bajaré la música, antes de que protesten los vecinos.
....

6. Voy a apagar el fuego, antes de que se queme la comida.
....

7. Compraré otros dos libros de arte de estos, antes de que se agoten.
....

8. Voy a sacar el coche de allí, antes de que se lo lleve la grúa.
....

3. Complete las frases siguientes con el verbo en el modo y tiempo más adecuados: Infinitivo / Indicativo / Subjuntivo.

Ej.: *1. Tan pronto intuyo que la luz verde del semáforo se va a poner naranja, echo una carrerita. (intuir)*

2. Cuando se .... por pistas y caminos, hay que tomar precauciones. *(circular)*
3. La gerente se quedó charlando hasta que .... Vicente. *(llegar)*
4. Mis impresiones digitales se formaron antes de .... *(nacer)*
5. Cuando .... a la escuela secundaria, ya se podía prever qué tipo de persona sería. *(ir)*
6. Mientras yo .... aquí, nada malo te ocurrirá. *(estar)*
7. Vete, antes de que te .... *(ver, él)*
8. Cuando .... en la despensa, la luz no se encendió. *(entrar, yo)*
9. Antes de que yo .... contestarle, se fue. *(poder)*
10. Cuando me .... que no era grave, sentí alivio. *(decir, ellos)*

aciertos__ / 21

11. Cuando .... al dentista, me informaron de que debía extraerme inmediatamente varios dientes. *(ir)*

12. Mientras el enfermero .... los utensilios de curar, yo permanecía inmóvil. *(preparar)*

13. Desde que .... la primera vez, he querido verte a solas. *(encontrarse, nosotros)*

14. Cuando ella .... desocupada, pasábamos horas en la cantina del hospital. *(hallarse)*

15. Desde que .... el Servicio Secreto, ha vivido en varios sitios del mundo. *(abandonar, él)*

16. Transcurrió un momento, antes de que .... a hablar. *(volver, ella)*

17. ¿Qué harían cuando .... la hipoteca? *(perder)*

18. Poco tiempo después de que .... del pueblo, la gente dejó de hablar de él. *(irse, él)*

19. En cuanto te .... los resultados de los análisis, lléva-selos a tu médico de cabecera. *(dar, ellos)*

20. Antes de .... de casa, yo no sabía ni freír un huevo. *(irse, yo)*

21. Dijo que llamaría en cuanto .... al hotel. *(llegar)*

22. Hasta que no lo .... , no lo creyeron. *(ver)*

23. ¿Qué quieres ser cuando .... mayor? *(ser)*

24. Antes de .... algo, consúltalo con la almohada. *(decidir)*

25. Después de .... con los inspectores, reconsideraron su postura. *(hablar)*

26. ¡Tú no te muevas de aquí hasta que yo te lo .... ! *(decir)*

4. Una las dos frases en una sola, haciendo las transformaciones oportunas.

antes de (que) (2)   después de (2)   en cuanto (4)   mientras (2)

> Ej.: *1. Pedro tiene que firmar el contrato ya.*
> *Van a abrir la fábrica mañana.*
> <u>*Pedro tiene que firmar el contrato antes*</u>
> <u>*de que abran la fábrica.*</u>

2. Vamos a llegar pronto. Tenemos que encender la chimenea.
....

3. Tú puedes pasar la aspiradora. Yo hago la compra.
....

4. Él se enteró del accidente de avión por televisión. Enseguida llamó a la familia.
....

5. Compramos el ordenador el martes pasado. Habíamos visto la oferta el lunes.
....

aciertos__ / 20

6. Vamos a recoger todo esto de la fiesta. Tus padres van a venir de un momento a otro.

....

7. La ley del divorcio salió en abril. Ellos se divorciaron inmediatamente.

....

8. Ella aprobó las oposiciones de juez. Se había trasladado a Soria poco antes.

....

9. Mi marido se jubilará pronto. Entonces nos iremos a vivir a Mallorca.

....

10. Tú vas a comprar los billetes. Al mismo tiempo yo preparo las maletas.

....

aciertos__ / 5

Tema 15. Puntuación total __ / 59

INDICATIVO / SUBJUNTIVO CON VERBOS DE MANDATO, PROHIBICIÓN, RECOMENDACIÓN E INFORMACIÓN (SUGERIR, RECOMENDAR, ROGAR, PROHIBIR...). ESTILO INDIRECTO

Observe

forma

Verbos de información + QUE + INDICATIVO

Verbo introductor	Estilo Directo (Indicativo)	ESTILO INDIRECTO (Indicativo)
Presente / Pret. Perfecto	PRESENTE / PASADO ⟶ FUTURO ⟶	PRESENTE / PASADO FUTURO
Pret. Perfecto / Pret. Imperf. / Indefinido / Pret. Pluscuamp.	PRESENTE ⟶ PRET. PERFECTO ⟶ PRET. INDEF. ⟶ PRET. IMPERF. ⟶ FUTURO ⟶	PRET. IMPERFECTO PRET. PLUSC. / INDEF. PRET. PLUSC. / INDEF. PRET. IMPERFECTO CONDICIONAL

Verbos de prohibición, mandato, recomendación + QUE + SUBJUNTIVO

Verbo introductor	Estilo Directo	ESTILO INDIRECTO
Presente / Pret. Perfecto	IMPERATIVO ⟶	PRESENTE DE SUBJ.
Pret. Perfecto / Pret. Imperfecto / Indefinido / Pret. Plusc.	IMPERATIVO ⟶	PRET. IMPERFECTO SUBJ.

···· uso ····

1. Se usa Indicativo en las oraciones dependientes de verbos que expresan transmisión de información, como *contar, explicar, preguntar, comentar, informar, advertir, anunciar, asegurar:*

> ***Han comentado*** en el Telediario ***que*** mañana ***lloverá***.
> Ya ***nos advirtieron que*** este restaurante ***era*** carísimo.

2. Se usa Subjuntivo en las oraciones dependientes de verbos que expresan recomendación o mandato, como *ordenar, aconsejar, rogar, prohibir, recomendar, sugerir:*

> Su médico ***le ha recomendado que no fume***.

3. Algunas veces, el mismo verbo puede tener dos significados distintos y dar lugar a tiempos y modos verbales diferentes en la oración subordinada:

> *(1) Él **nos advirtió que llegaría** tarde.*
> *(2) Mamá **nos advirtió que no llegáramos** tarde.*
> *(1) advertir = informar.*
> *(2) advertir = ordenar, recomendar.*

1. Complete las frases siguientes con uno de los verbos del recuadro en el tiempo más adecuado de Indicativo.

alquilar	salir	ir (4)	casarse	ser	funcionar	entender
estar	poder	pasar	saber	ver	tener	aguantar

Ej.: *1. En la autoescuela nos explicaron cómo <u>funcionaba</u> el embrague.*

2. Ya te advertí que tu madre .... muy mal.
3. Dijo que no .... venir con nosotras porque ....
que arreglar la persiana.
4. Nos contaron que .... el mes anterior por lo civil y que
.... la luna de miel en Cancún.
5. Me comentó que la fábrica .... de mal en peor y que no
.... hasta cuando ....
6. Le pregunté si .... a pasarse la vida quejándose de lo
mismo y me respondió que yo .... una egoísta y que no
.... nada.
7. Han comentado que pronto .... a cerrar la antigua
carretera y que .... a abrir la autopista.
8. Ya nos advirtieron que en esta empresa, la mudanza nos
.... muy cara.
9. Ella nos contó que todos los fines de semana .... un
montón de cintas de vídeo y las .... en casa, sin salir.

2. Reescriba las frases anteponiendo uno de los verbos del recuadro.

aconsejar	sugerir	rogar	recomendar	prohibir

Ej.: *1. "Id a ese hotel, es muy bueno."*
<u>*Él nos recomendó que fuéramos a ese hotel porque era muy*</u>
<u>*bueno*</u>.

2. "No os acerquéis al agua."
La abuela ....
3. "Vuelve pronto."
Ella le...
4. "No trabaje tanto."
El médico ....
5. "Ayúdame, por favor."
Él le...
6. "Córtate el pelo, estarás mejor."
Mi compañera me ....
7. "No quiero que estudies Filosofía, es una carrera que no sirve para nada."
Su padre le...
8. "Lo mejor es que hables con el profesor de Julia."
Yo le..

9. "No salgas todas las noches."
   La madre le ....

10. "Acércame la medicina, por favor."
    Ella nos ....

11. "No comas más caramelos."
    Él le ....

12. "Cómprate un diccionario más completo."
    Yo...

3. Transforme en Estilo Indirecto.

Ej.: *1. "Quiero que me lleven a casa".*
La niña dijo que quería que la llevaran a su casa.

2. "No pretendo que me sigas a todas partes."
   Le aseguré que ....

3. "Mientras yo escribo, puedes ir al cine."
   Yo le propuse que...

4. "Cuando salgas, ven a verme."
   Ella me pidió que ....

5. "No he comido porque no tenía hambre."
   Me comentó que...

6. "Si llama Ángel, dile que no estoy."
   Mi hermana me dijo que ....

7. "Espero que te vayas y no vuelvas más."
   Él le respondió que...

8. "Si tuviera dinero, compraría muchos libros."
   Comentó que ....

9. "Cuando vuelvas de tu viaje, iré a verte."
   Aseguró que ....

10. "Recoge la ropa tendida, antes de que empiece a llover."
    Mi madre me mandó que ....

4. Complete las frases siguientes con el verbo en la forma más adecuada.

Ej.: *1. Mis padres me recomendaron que fuera a estudiar a Inglaterra*
y sacara un certificado de idiomas. (ir, sacar)

2. Al despedirme de ella, le dije que no la .... jamás. *(olvidar)*

3. Cuando se enteraron de que yo .... rico, me pidieron que
   .... en varios proyectos de ayuda al Medio Ambiente. *(ser, colaborar)*

4. El viernes les anunció a sus empleados que no .... a trabajar más. *(volver)*

5. Yo telefoneé a Valeria y le dije que .... y que
   .... ansioso por verla. Me contestó que ella también me
   .... de menos. *(regresar, estar, echar)*

ejercicios

correcciones

6. Él dijo que ella .... utilizar el dinero para escapar. *(deber)*
7. Siempre le recomendaba que no .... a casa demasiado tarde. *(volver)*
8. Llamé por teléfono a mi padre para decirle que .... sin mí. *(comer)*
9. Le pidió a Fernando que le .... una mano. *(echar)*
10. Una vez le pregunté a Silvia qué .... por las tardes y me contestó que .... dar una vuelta por el barrio y tomar un café siempre en el mismo bar. *(hacer, soler)*
11. Me dijo que .... de bajar del autobús. *(acabar)*
12. Le prometiste a Blanca que .... a verla a menudo. *(ir)*
13. Las señales advertían que no .... de la pista. *(salir, nosotros)*
14. El cocinero anunció que la comida .... lista en unos minutos. *(estar)*
15. Le expliqué que no .... escolta. *(querer)*
16. Pediré al Ministerio que nos .... más libros. *(enviar)*
17. Ya te había dicho que no .... nada, que nosotros .... la bebida. *(comprar, tú; traer)*

aciertos__ / 14

5. ¿Qué le aconsejaron sus compañeros a Ernesto?

Ernesto Pérez trabaja en una empresa desde hace más de 20 años y hace pocos días recibió una oferta de otra empresa. Le ofrecen mayor sueldo y un cargo de mayor responsabilidad del que tiene ahora. No sabe qué hacer. Sus compañeros le hacen varias sugerencias, y luego él se lo cuenta a su mujer. Escriba usted el texto de lo que le ha dicho a su mujer.

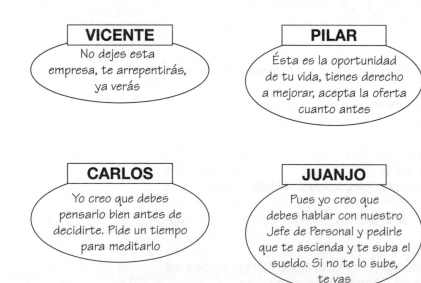

VICENTE
No dejes esta empresa, te arrepentirás, ya verás

PILAR
Ésta es la oportunidad de tu vida, tienes derecho a mejorar, acepta la oferta cuanto antes

CARLOS
Yo creo que debes pensarlo bien antes de decidirte. Pide un tiempo para meditarlo

JUANJO
Pues yo creo que debes hablar con nuestro Jefe de Personal y pedirle que te ascienda y te suba el sueldo. Si no te lo sube, te vas

LUCÍA (mujer de Ernesto): – Y tus compañeros, ¿qué te dijeron cuando se lo dijiste?

ERNESTO: – Pues no me ayudaron mucho, la verdad, cada uno me aconsejó algo distinto. Vicente me dijo que ....

....

....

....

....

....

....

....

....

....

....

....

....

....

....

....

....

....

....

....

....

....

....

....

....

....

....

PRONOMBRES PERSONALES

Observe

A Vd., ¿desde cuándo **le** interesa la parapsicología?

Al primer torero **lo** han sacado en hombros por su excelente faena

1

2

Si **os** bajáis un rato a jugar, **llevaos** a vuestra hermana

3

El tiempo **se me** hace muy largo **sin ti**. **Me** gustaría estar **contigo**

4

forma

PRONOMBRES PERSONALES

TÓNICOS	ÁTONOS		TÓNICOS
Sujeto	Objeto Directo	Objeto Indirecto	Con preposición
YO	ME	ME	MÍ (CONMIGO)
TÚ	TE	TE	TI (CONTIGO)
ÉL, ELLA, USTED	LO, LA (LE)	LE (SE)	ÉL, ELLA, VD. / SÍ (CONSIGO)
NOSOTROS, -AS	NOS	NOS	NOSOTROS, -AS
VOSOTROS, -AS	OS	OS	VOSOTROS, -AS
ELLOS, ELLAS, VDS.	LOS, LAS	LES (SE)	ELLOS, ELLAS, VDS. / SÍ (CONSIGO)

Sin pronombre	Con pronombre reflexivo	Con LE
quedar _- cita_	quedarse _—permanecer_	_senter_ quedarle (bien / mal)
arreglar	arreglarse	
sentir	sentirse	
faltar		faltarle (algo a alguien)
sentar	sentarse	sentarle (bien / mal)
despedir	despedirse	
parecer	parecerse	parecerle (bien / mal)
olvidar	olvidarse	
interesar	interesarse	interesarle (algo a alguien)
		apetecerle (algo a alguien)
gustar		gustarle (algo a alguien)

(handwritten: me queda de Tiene de pantalón)

(handwritten: buscado algo)

···· USO ···

1. En español hay una serie de verbos que cambian de significado según se usen con pronombres o sin ellos _(quedar ≠ quedarse ≠ quedarle)_. Están los verbos que necesitan obligatoriamente la presencia de uno de los pronombres **me, te, le, nos, os, les**:

> _A las personas mayores **les sienta** fatal este clima húmedo._
> _A ella no **le caen** nada bien esos chicos._

Otras veces necesitan uno de los pronombres reflexivos **me, te, se, nos, os, se**:

> _Todos **se sintieron** mal después de tomar el postre._

El uso de un pronombre u otro puede variar ligeramente o sustancialmente el significado del verbo:

> _Yo creo que a la presentadora no **le queda** bien ese peinado._
> _La presentadora no **se quedó** en el programa después de terminar el debate._

2. Cuando el nombre (o pronombre) que funciona como Objeto Directo aparece antes del verbo, es obligatorio utilizar también el pronombre personal correspondiente:

> _**Esta película** ya **la** he visto dos veces._
>   (O. D.)   (O. D.)
> _A **tus padres los** conocía, pero a ti no._
>   (O. D.)   (O. D.)

3. Frecuentemente usamos una estructura compuesta: **se + me / te / le / nos / os / les**. Con el pronombre **se** queremos expresar la falta de responsabilidad del sujeto en la acción verbal y con el segundo pronombre indicamos quién es el afectado por la acción verbal. Compare estas tres formas:

> _Ayer rompí el jarrón._
> _El jarrón **se** rompió en el traslado._
> _**Se me** rompió el jarrón cuando le quitaba el polvo._

4. Además de **conmigo** y **contigo**, tenemos la forma **consigo**, que tiene valor reflexivo:
*Al marcharse de esta casa se llevó **consigo** todas sus pertenencias.*

Excepcionalmente, detrás de la preposición **según** se usa la forma **tú**:
***Según tú**, ¿cuáles son las mejores escritoras en lengua castellana?*

ejercicios

correcciones

1. Complete las frases con SE / LE / LES, según corresponda.

> Ej.: *1. No te preocupes, ya verás como, al final, todo se arregla.*

2. Voy a llamar al electricista que .... arregló la instalación a Nuria y Marta.
3. Él todavía no .... ha convencido de que ha cometido un error.
4. La casa de la plaza .... ha pertenecido siempre a ellos.
5. ¿Has visto lo bien que .... sienta el campo a Alberto?
6. Mi padre siempre .... sienta en el sillón al lado de la ventana.
7. Los animales no necesitan mucho, ... basta vivir.
8. A ellas .... resulta más fácil venir en coche que en tren.
9. Nunca .... acostumbró a levantar .... temprano.
10. Estos esquíes son muy buenos, ... deslizan por la nieve sin sentir.
11. No .... compraron el piso porque el precio no .... convencía mucho.
12. A mis abuelos .... sentó fatal que no fuéramos a verlos.
13. A los niños no .... gustó nada la comida, pero no .... atrevieron a protestar.
14. Siempre ha sido muy desconfiado, no .... fía de nadie.
15. A. ¿Qué .... ha pasado a Juana, por qué no ha venido?
    B. Pues que .... ha sentado mal la comida y .... duele el estómago.
16. Vosotros sentaos aquí, ellos siempre .... sientan allí.

2. Complete las frases siguientes con los pronombres más adecuados.

> Ej.: *1. No creo que David se encuentre tan solo como dices.*

2. A ellos .... parece que la situación es peor que antes.
3. ¿Sabes qué .... ha sucedido a Pedro?
4. No debes quejar .... Hay mucha gente que está peor que ....
5. Dice un proverbio: "Si lloras de noche, las lágrimas .... impedirán ver las estrellas".
6. Tiraron tanto de la cuerda, que al final .... rompió.

les
te
te / tú
te

se

aciertos___ / 26

correcciones

7. Si el dinero no .... alcanza, ... queda el recurso de pedir un préstamo. *(a nosotros)*

8. Muchas personas necesitan que alguien .... ayude a sobrevivir.

9. Hija, estudia, ¡no .... distraigas!

10. Eva .... parece mucho a su padre en lo físico.

11. A las amas de casa .... exige que trabajen todo el día sin remuneración alguna.

12. Mi hermano está enfermo. Ayer .... sintió mal y tuvimos que llevar .... al hospital.

13. Ella es tan famosa que cuando va por la calle, la gente .... reconoce y .... pide autógrafos.

14. A mí no .... faltan ofertas de trabajo.

15. A Mayra, trabajar en la radio .... entusiasma.

16. A los jóvenes de hoy no .... interesa la política.

17. El director llamó para interesar .... por la salud de su secretario.

18. A nadie .... debe sorprender que una mujer sea gobernadora.

19. ¡Alfonso, peina .... y a ver si .... cortas el pelo!

20. .... dije a los niños que .... fueran al cine.

21. A nadie .... importa si vivo sola o acompañada.

22. Te dije que no ...**le**... dieras la papilla al bebé. ¿Por qué .... has dado?

23. Ya .... advertí y tú no .... hiciste caso.

24. Y a vosotros, ¿ .... apetece tomar algo en la terraza?

25. Cuando .... dieron la noticia .... quedó de piedra.

26. Aunque creamos que la muerte está lejana, no debemos olvidar .... de ella. *olvidarse*

27. A. ¿Dónde están mis tijeras? –scissors–

    B. Creo que tu hermana .... puso en esa caja.

28. ¿Qué tal .... pasasteis vosotros en la excursión?

Correction notes (handwritten):
nos/nos)
les
te
se los / se
se / lo
la / le
me
le
les
se
le
te / te
les / se
le
te / se la
~~este~~ te lo / me
os
le / se
~~la nos~~
las
~~te~~ os / la

3. En las frases siguientes, hemos borrado los pronombres de Objeto Directo (LO / LA / LOS / LAS). Colóquelos en su sitio.

Ej.: *1. Vaya tontería, eso sabe hacer cualquiera.*
Vaya tontería, eso lo sabe hacer cualquiera.

2. Yo a mi mujer no juzgo, a mi mujer amo.

....

3. A su gato vacunaron cuando tenía tres meses.

....

4. Este puente construyeron los romanos.

....

5. Castañas como éstas sólo venden en mi pueblo.

....

6. A tu prima no he visto desde hace más de un año.

....

7. Estos pasos aún no hemos aprendido.

....

aciertos___ / 40

correcciones

4. Complete con SE + ME / TE / LE / NOS / OS / LES.

Ej.: *1. Cuando se me acabe el azúcar, empezaré a comprar miel.*

2. He tenido que llamar al técnico, porque .... ha estropeado el calentador.
3. Al niño .... ha caído el reloj a la piscina y .... ha averiado.
4. Hoy no podemos comer en casa, ... ha quemado la comida.
5.   A. ¿Qué te pasa?
    B. Que .... han perdido las llaves del coche y estoy buscándolas.
6. Cuando volvíamos de Viena, ... paró el coche y nos quedamos tirados en la carretera.
7. La comida está sosa, ¿es que .... ha olvidado echarle sal?
8. Al final de la película .... hizo un nudo en la garganta de la emoción. (a mí)
9. Sólo de pensar en el miedo que pasé, ... ponen los pelos de punta.
10. Julián y Antonio tenían un gato, pero .... escapó hace unos días.
11. Y a vosotros, ¿qué?, ¿ .... ha pasado ya el enfado?
12. ¿A usted no .... ha ocurrido pensar que a mí me molesta el humo?
13. .... acaba de ocurrir una idea: ¿por qué no vamos de vacaciones a Galicia?

5. En las frases siguientes hemos borrado los pronombres que aparecen en el recuadro. Intente colocarlos otra vez.

las	se (3)	les	me (4)	nos
te	la	lo	le (2)	

Ej.: *1. Y las niñas, ¿no has visto?*
    Y las niñas, ¿no las has visto?

2. Ella todos los días despierta muy pronto. *se despertarse*
....
3. A algunos no ha sentado bien el cambio de gobierno. *les*
....
4. Aunque he tomado una aspirina, aún duele la garganta. *me/me*
....
5. A nosotros no corresponde decir si hace bien o mal. *nos*
....
6. Debes hacer caso a tu madre, ella sabe lo que conviene.
....
7. ¿Qué pasa a esta puerta?, no puede abrir.
....
8. Este niño pasa el día metido en su habitación.
....
9. A mí no gustó la ciudad, encontré sucia.
....
10. Cuando vi al barbero, acerqué a saludar.
....

6. El pronombre que aparece en cursiva es incorrecto. Sustitúyalo por el más adecuado.

Ej.: *1. Me gustaría ir con ti al circo.*
Me gustaría ir <u>contigo</u> al circo.

2. Volví la cabeza y no vi a nadie detrás de *yo*.
....

3. ¿Es que no te fías de *sí*?
....

4. Cuando volvió en *él* preguntó por lo ocurrido.
....

5. ¿Vienes con *yo* a misa?
....

6. No habéis contado con *nos* para ese proyecto.
....

7. Es demasiado exigente con los demás y con *sí* mismo.
....

8. Yo no me fío de nadie, ni siquiera de *yo* mismo.
....

9. Está tan ocupada que no tiene tiempo para dedicarse a *la* misma.
....

10. Yo pensaba que estabas enfadada con *mí*.
....

11. Entonces, según *ti*, ¿quién es el culpable de la crisis?
....

12. ¿Cómo pudiste irte sin *me*?
....

aciertos__ / 11

INDICATIVO / SUBJUNTIVO CON VERBOS DE ENTENDIMIENTO Y PERCEPCIÓN FÍSICA O INTELECTUAL (CREO, PIENSO, RECUERDO, SUPONGO, SIENTO, ME HE DADO CUENTA DE...)

Observe

Pues yo **no creo que** el oasis **esté** lejos. ¡Míralo, está ahí!

Yo **creo que** el oasis **está** todavía muy lejos

1

Ya **veo que no** se os ha olvidado el cumpleaños de papá

2

Supongo que sabéis qué día es hoy

forma

Verbo Afirmativo + QUE +
Verbo Imperativo Negativo + QUE +   } **Indicativo**
Verbo Negativo Interrogativo + QUE +

Verbo Negativo + QUE + **Subjuntivo / Indicativo**

···· USO ···

Las oraciones que dependen de verbos que expresan entendimiento o percepción física o intelectual, pueden llevar el verbo en Indicativo o Subjuntivo:

a) Indicativo.
      -Cuando la oración principal es afirmativa:
            Recuerdo que fuimos *a Asturias por Navidad.*
      -Cuando la oración principal es imperativa negativa:
          No creas que te vas *a salir con la tuya.*
      -Cuando la oración principal es negativa e interrogativa:
          ¿No recuerdas que habíamos quedado *a las tres?*

b) Subjuntivo.
      -Cuando la oración principal es negativa:
          No suponía que estuvieras *en casa.*

No obstante, se usa el Indicativo cuando se habla de algo confirmado:
          No recordaba que ya había pagado *el recibo del agua.*
          No sabía que te gustara / gustaba *tanto la música clásica.*

ejercicios

correcciones

1. Complete las frases siguientes con los elementos del recuadro.

Entonces comprendí	Mi madre se convenció	No sabía	Yo no creía
No pensaba	No recuerdo	He observado	Supuse

Ej.: *1. <u>No pensaba</u> que fueran tan importantes para ti esas vacaciones.*

2. .... que tú hayas estado en París alguna vez.

3. .... que no nos íbamos a entender.

4. .... que Florencia fuera tan bonita.

5. .... que ya no vendrías a verme hoy.

6. .... que su hijo no ve bien de lejos.

7. .... que Elena y Felipe estaban casados.

8. .... de que era mejor dejar a mi padre .

aciertos___ / 7

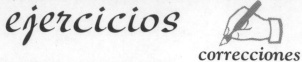
2. Complete las frases con el verbo en el tiempo adecuado de Indicativo.

Ej.: *1. Lo oigo subir por la escalera y de pronto me doy cuenta de que* <u>*ha estado allí*</u> *todo el día. (estar, él)*

2. Al volver de las vacaciones, descubrieron que les .... *(robar)*
3. Recuerdo que esta película la .... hace unos dos meses. *(ver, nosotros)*
4. ¿Te acuerdas de cuando .... en las cataratas de Iguazú? *(estar, nosotros)*
5. Recordé que el domingo anterior .... en una fiesta y .... más de la cuenta. *(estar, beber, ellos)*
6. Ellos opinaban que las nuevas elecciones las .... los conservadores. *(ganar)*
7. Yo supuse que .... hablando de la nueva Dirección. *(estar, ellos)*
8. Cuando tengo jaquecas, siento que la cabeza me .... a estallar. *(ir)*
9. No me acordé de que el ministerio ya .... horario de verano. *(tener)*
10. Al revisar mis papeles, me di cuenta de que .... la carpeta en el gimnasio. *(dejarse)*
11. ¿No habías visto que los frenos del coche .... muy desgastados? *(estar)*
12. Todavía no se ha enterado de que su padre .... el mes pasado. *(morir)*
13. Los investigadores no han descubierto en qué .... el experimento. *(consistir)*
14. ¿No sabes que .... dificilísimo entrar en esa universidad? *(ser)*
15. Mis caseros suponen que .... un viudo que viaja mucho. *(ser, yo)*

3. Complete estas frases con un verbo en Subjuntivo.

Ej.: *1. Yo nunca pienso que* <u>*vaya*</u> *a ocurrir algo malo. (ir)*

2. No creo que antes de este asunto, ella .... de mí. *(sospechar)*
3. No suponía que los militares condenados .... tratando de dar un nuevo golpe de Estado. *(estar)*
4. No recordamos que nuestros hijos nos .... malas noches cuando eran pequeños, siempre dormían estupendamente. *(dar)*
5. No creía que Ernesto .... la cara tan dura. Me ha pedido dinero otra vez. *(tener)*
6. No recuerdo que tú me .... ese libro. *(prestar)*
7. Nunca he visto que Fernández .... un detalle con nadie. *(tener)*
8. Yo no he notado que Ángela .... La veo igual que siempre. *(envejecer)*

4. Complete las frases con uno de los verbos del recuadro en Indicativo.

afectar	ir (2)	colocar	poder

Ej.: *1. No creas que siempre te <u>vas</u> a salir con la tuya.*

2. No penséis que a mí este problema no me ....
3. No olvides que fui yo quien lo .... ahí.
4. No te imagines que tú solo .... hacerlo.
5. No creas que los Reyes Magos .... a traerte todo lo que pidas.

5. Complete las frases siguientes con el verbo en el tiempo y modo más adecuados.

Ej.: *1. No me imaginaba que <u>estuviera</u> tan enfadada. (estar)*

2. No creo que Julia .... todas las asignaturas en junio, le quedará alguna para septiembre. *(aprobar)*
3. ¿Te he despertado? Pensaba que no .... todavía. *(acostarse)*
4. No comprendo que nunca .... dinero, ¿qué hacen con lo que ganan? *(tener)*
5. No creas que todo el mundo .... tan vago como tú. *(ser)*
6. Me enteré de que el verano pasado .... un accidente porque me lo dijo tu primo Juan. *(tener, tú)*
7. No pensaba que su marido .... tan mezquino. *(ser)*
8. ¿Te has dado cuenta de que Marisa .... cada día más guapa? *(estar)*
9. No creía que los niños .... capaces de romper el coche. *(ser)*
10. Ella no pensó que tú .... como lo has hecho. *(reaccionar)*
11. No recuerdo que tú me .... por teléfono el domingo por la noche. *(llamar)*
12. Supongo que no .... inconveniente en hacerme ese favor. *(tener)*
13. En ningún momento vimos que el conductor del camión .... señas al otro conductor. *(hacer)*
14. Enseguida me di cuenta de que allí no .... nada interesante que ver. *(haber)*
15. Al contemplar las fotos comprendo que realmente .... un testimonio de mi experiencia. *(ser)*

aciertos__ / 18

ORACIONES CONCESIVAS (AUNQUE, A PESAR DE QUE, POR MUCHO / MÁS QUE...)

Observe

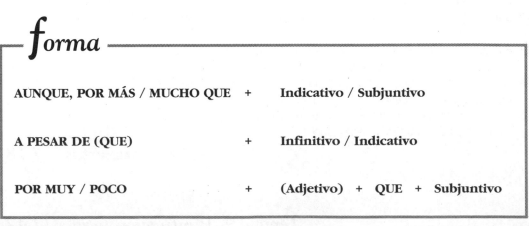

Es tan valiosa que, **por mucho que cueste**, siempre es barata

Aunque está muy bien de precio, no puedo comprarla

Por poco que cueste, me parece cara

Yo, **aunque me la regalaran**, no me la llevaría

Aunque sea una ganga, yo no la compro

forma

AUNQUE, POR MÁS / MUCHO QUE	+	Indicativo / Subjuntivo
A PESAR DE (QUE)	+	Infinitivo / Indicativo
POR MUY / POCO	+	(Adjetivo) + QUE + Subjuntivo

··· USO ···

AUNQUE, POR MÁS / MUCHO QUE

1. Las oraciones subordinadas concesivas introducidas por estos nexos pueden llevar. el verbo en Indicativo o Subjuntivo.

a) Se prefiere el Indicativo:
    -Cuando hablamos del pasado:
> *Ayer,* ***aunque no tenía*** *ganas, salí a dar un paseo.*
> ***Por más que le insistí****, no quiso venir conmigo.*

    -Cuando hablamos del presente o futuro. Especialmente usamos Indicativo si el hablante está muy seguro de la "concesión" o si ésta indica una dificultad real:
> ***Aunque no tengo*** *ganas, voy a salir a dar un paseo.*
> ***Aunque hace*** *frío, no quiere encender la calefacción.*

b) Se prefiere el Subjuntivo:
    -Cuando hablamos del futuro. Usamos Subjuntivo cuando no estamos seguros o cuando la concesiva indica una dificultad potencial:
> ***Aunque haga*** *frío, no encenderá la calefacción.*
> ***Por más que estudies*** *la semana próxima, no aprobarás.*

No obstante, se usa el Subjuntivo en ocasiones en las que el hablante está seguro de la concesión pero, aun así, él no la considera una dificultad real:

> ***Aunque me haya enfadado*** *contigo, yo te quiero.*
> ***Aunque haga frío****, yo quiero salir de todos modos.*

2. Correspondencia de tiempos entre la oración subordinada y la principal:
> ***Aunque él sabía*** *la verdad, no nos dijo nada.*
> ***Aunque sabe / sepa*** *la verdad, no nos dirá nada.*
> ***Aunque supiera*** *la verdad, no nos diría nada.*
> ***Aunque hubiera sabido*** *la verdad, no nos hubiera dicho nada.*

A PESAR DE (QUE)

Se usa generalmente con Infinitivo o Indicativo:
> ***A pesar de llevar*** *veinte años en Madrid, conserva el acento andaluz.*
> ***A pesar de que llegó*** *tarde, nadie le dijo nada.*

POR MUY / POCO + (Adjetivo) + QUE

Se usa con Subjuntivo:
> ***Por muy barato que sea****, no lo compres.*
> ***Por muy barato que fuera****, no tenías que haberlo comprado.*

1. Transforme, siguiendo el modelo, las siguientes frases.

> Ej.: *1. Por mucho que lo intento, no consigo sacarlo de su mutismo.*
> *Por mucho que lo <u>intentes</u>, no <u>conseguirás</u> sacarlo de su mutismo.*

2. Por mucho que lo lavo, no logro quitarle esa mancha al mantel.
....

3. Por mucho que se esfuerza, no aprueba todas las asignaturas.
....

4. Por mucho que le digo que se calle, no me hace caso.
....

5. Por mucho que corro, no llego nunca a tiempo.
....

6. Por mucho que como, no engordo.
....

7. Por mucho que le insisto, no quiere venir con nosotros.
....

2. Complete las frases con el verbo que va entre paréntesis, en Indicativo.

> Ej.: *1. Aunque <u>he ido</u> varias veces allí, ya no recuerdo bien cómo se va. (ir, yo)*

2. Por más vueltas que le ...., no comprendo cómo me ha podido pasar esto a mí. *(dar, yo)*

3. A pesar de que ....veinte años, se comporta como un niño de diez. *(tener)*

4. Por más agua que ...., nunca tiene bastante. *(beber, ella)*

5. Aunque .... poquísimo, siempre aparece relajada y contenta. *(dormir)*

6. Por más que le ...., no dijo dónde había pasado las últimas cuarenta y ocho horas. *(preguntar, ellos)*

7. A pesar de todo lo que me .... el otro día, no te guardo rencor. *(decir, tú)*

8. Por más que .... las entradas, no las encontramos por ninguna parte. *(buscar, nosotros)*

9. A pesar de que se lo ...., al final fue a la cena sola. *(advertir, yo)*

10. Aunque .... que no .... mucho dinero, nos cobró la comida. *(saber, él, tener, nosotros)*

11. A pesar de que .... muy enfermo del corazón, no para de trabajar. *(estar, él)*

12. A pesar de que nunca .... de su país, conoce bien las costumbres de distintos países del mundo. *(salir, ella)*

correcciones

3. En las frases siguientes, haga la transformación según el modelo.

> Ej.: *1. Aunque parezca simpático, no te fíes de él*
> *Por muy simpático que parezca, no te fíes de él*.

2. Aunque sea atractivo, no lo compres.

....

3. Aunque sea muy tarde, llámanos cuando llegues.

....

4. Aunque esté muy viejo, no lo tires.

....

5. Aunque sea muy guapo, no lo contratarán para esa película.

....

6. Aunque esté muy cansada, pasará por aquí después del trabajo.

....

7. Aunque vaya muy rápido, no llegará a tiempo.

....

4. Complete las frases con el verbo que va entre paréntesis en el tiempo adecuado de Subjuntivo.

> Ej.: *1. No sé exactamente qué le pasa a tu hermano, pero aunque lo*
> *supiera, no te lo diría. (saber, yo)*

2. Aunque .... menos en esta empresa, yo sé que voy a estar a gusto. *(ganar, yo)*
3. Pensaba que, por mucho que .... ya no vería otra vez su país. *(vivir, él)*
4. Por más que .... no lograrás convencerla. *(insistir, tú)*
5. Por más que te .... , debes seguir viviendo y sacar tus conclusiones. *(doler)*
6. Por muy cómodo que .... ese sofá, no me lo puedo llevar, es carísimo. *(ser)*
7. Por muy mal que lo .... , lo hará mejor que el último, que era pésimo. *(hacer)*
8. ¿Sabes ese refrán que dice "Aunque la mona .... de seda, mona se queda"? *(vestirse)*
9. Si sigues comiendo tanto, por mucha gimnasia que .... , no adelgazarás. *(hacer, tú)*
10. Mi jefa estaba dispuesta a llegar hasta el final de la investigación, aunque le .... el puesto de trabajo. *(costar)*

5. Subraye el verbo adecuado.

> Ej. *1. Aunque en aquel tiempo no quería / quiera reconocerlo, toda-*
> *vía no se había repuesto de su enfermedad.*

2. Por más antibióticos que le *di / diera* no se le curó la infección.
3. Por muy increíble que te *parece / parezca*, yo nunca he estado en una discoteca.

aciertos__ / 17

4. Yo sabía que por más que *se empeñó / empeñara*, nunca obtendría el título.

5. Aunque *sabe / sepa* que me molesta mucho, vuelve a casa cada día a las tantas.

6. A pesar de que les *dijeron / dijeran* que ella estaba con gripe, sus hijos no fueron a verla.

7. Aunque *es / fuera* el Director General, no tiene derecho a pedirme que trabaje por dos.

8. Por más libros de Medicina que *he leído / leyera*, no he encontrado nada sobre esa enfermedad.

9. De pequeños, en invierno, aunque *hacía / haga* un frío horrible, teníamos que ir andando al colegio, que estaba a 5 km. de nuestra casa.

10. Por mucho que *corres / corras*, ya no alcanzarás el autobús de las tres.

11. No le he dicho nada, pero aunque se lo *diga / dijera*, no serviría de nada.

12. Era muy inteligente, por muy difícil que *era / fuera* la pregunta, siempre encontraba la respuesta.

13. Yo, aunque no me *he casado / casara* nunca, he tenido varias relaciones estables.

14. A pesar de que el Gobierno *anunció / anuncie* la semana pasada que impondrá fuertes multas, seguirá habiendo fraude fiscal.

15. Aunque Juana y yo nos *conocemos / conociéramos* desde hace mucho tiempo, nunca hemos hablado íntimamente.

16. Por más que todos *dijeron / dijeran* el otro día que esa película era buenísima, yo la he visto y pienso que no vale nada.

17. Aunque ella *era / sea* una mujer práctica, a veces se dejaba llevar por la imaginación.

18. Tú dijiste que aunque *hacía / hiciera* mal tiempo, *iremos / iríamos* a la playa.

6. Reescriba las frases siguientes utilizando los conectores que aparecen entre paréntesis.

Ej.: *1. No les gustaba mucho la casa, pero se la compraron. (aunque)*
       Aunque no les gustaba mucho la casa, se la compraron.

2. Había mucho tráfico, pero conseguí llegar a tiempo.
.... *(a pesar de que)*

3. Como no estés aquí a las ocho en punto, nos vamos.
.... *(si)*

4. En caso de que no encuentre lo que busca, avíseme.
.... *(si)*

5. Llovía demasiado y por eso nos fuimos a casa.
.... *(como)*

6. Es muy rico, pero no lo parece.
.... *(aunque)*

7. Si me lo pide mi mejor amigo, iré.
.... *(en caso de que)*

8. Si no apruebas todo el curso, no iremos de vacaciones.

....*(como)*

9. Si hay peligro en las carreteras, no podremos salir de viaje.

.... *(mientras)*

10. Yo no quería que nadie me oyera y entré sin hacer ruido.

.... *(como)*

aciertos___ / 3

FORMACIÓN DE PALABRAS

Observe

forma

SUFIJOS DE FORMACIÓN DE ADJETIVOS

-ble/-es	**-oso/-a/-os/-as**	**-ivo/-a/-os/-as**	**-nte/-es**
ama**ble**/**-es**	calur**oso**/**-a**/**-os**/**-as**	posit**ivo**/**-a**/**-os**/**-as**	evide**nte**/**-es**
lava**ble**/**-es**	angusti**oso**/**-a**/**-os**/**-as**	repetit**ivo**/**-a**/**-os**/**-as**	convenie**nte**/**-es**
temi**ble**/**-es**	amor**oso**/**-a**/**-os**/**-as**	competit**ivo**/**-a**/**-os**/**-as**	estimula**nte**/**-es**
disponi**ble**/**-es**	ruid**oso**/**-a**/**-os**/**-as**	explos**ivo**/**-a**/**-os**/**-as**	insiste**nte**/**-es**

	-al/-ales	**-ico/-a/-os/-as**	
	leg**al**/**-ales**	psicológ**ico**/**-a**/**-os**/**-as**	
	habitu**al**/**-ales**	práct**ico**/**-a**/**-os**/**-as**	
	fili**al**/**-ales**	histór**ico**/**-a**/**-os**/**-as**	
	opcion**al**/**-ales**	volcán**ico**/**-a**/**-os**/**-as**	

SUFIJOS DE FORMACIÓN DE NOMBRES

-cia	**-dad**	**-ismo**	**-eza**	**-ción**
pacien**cia**	capaci**dad**	oportun**ismo**	rar**eza**	peti**ción**

···· USO ·······

1. Para formar el contrario de algunos adjetivos se utiliza el prefijo **in-**, que se escribe de modo diferente **-i, im-, in-, -ir**, según cómo empiece el adjetivo:

> lógico - **i**lógico
> posible - **im**posible
> responsable - **ir**responsable
> cierto - **in**cierto

2. Con el prefijo **des-** se puede formar el contrario de numerosos verbos y adjetivos:

> componer - **des**componer
> honesto - **des**honesto

3. Para formar nombres abstractos, los sufijos más usados son **-cia, -dad / -tad, -ismo, -eza, -ción**:

> paciente - pacien**cia**
> capaz - capaci**dad**
> oportuno - oportun**ismo**
> raro - rar**eza**
> pedir - peti**ción**

1. Escriba los nombres correspondientes a los adjetivos que siguen.

Ejs.: 1. *amable*   *amabilidad*
      2. *legal*   *ley*

3. caluroso   ....
4. habitual   ....
5. histórico   ....
6. repetitivo   ....
7. conveniente   ....
8. ruidoso   ....
9. temible   ....
10. opcional   ....

2. Escriba el adjetivo correspondiente a los nombres. Utilice los sufijos -able, -al, -ico, -oso, -ente, -ivo.

Ej.: 1. *nación*   *nacional*   11. poder   ....
2. poesía   ....   12. filosofía   ....
3. odio   ....   13. imaginación   ....
4. influencia   ....   14. ofensa   ....
5. economía   ....   15. inteligencia   ....
6. recomendación   ....   16. hábito   ....
7. crimen   ....   17. representación ....
8. profesión   ....   18. olor   ....
9. trato   ....   19. cariño   ....
10. rencor   ....   20. dolor   ....

3. Forme el contrario de los adjetivos que siguen. Utilice -i / -ir / -im / -in.

Ej.: 1. *lógico*   *ilógico*   9. útil   ....
2. legible   ....   10. potente   ....
3. permeable   ....   11. resistible ....
4. capaz   ....   12. posible   ....
5. legal   ....   13. oportuno   ....
6. real   ....   14. sensato   ....
7. coherente   ....   15. moral   ....
8. experto   ....   16. presentable ....

4. Complete las frases siguientes con un adjetivo o verbo del recuadro. Sobran cuatro.

desobediente	descapotable	desenchufar	desembarcar
desentrenadas	desandar descolgar	desaparecer	desatascar
deshonesto	descomponer	desconocidos	desarmar

Ej.: 1. *La cajera del banco robó 6.000.000 de euros y* <u>*desapareció.*</u>

2. ¿Estás seguro de que .... la tele?
3. Tenemos que llamar al fontanero para que .... el frega-
   dero.
4. Las jugadoras han jugado fatal, deben de estar .... ,
   hace mucho que no juegan.
5. La profesora de Jaime me ha dicho que en clase es muy
   ....
6. ¿Sabes que Cristina se ha comprado un coche .... ?
7. Los pasajeros del crucero tuvieron que .... apresurada-
   mente porque se había recibido una amenaza de bomba.
8. Jacinto, ¿quieres hacer el favor de .... ese cuadro? Voy
   a llevarlo a restaurar.
9. Nos hemos equivocado de camino, me temo que tenemos que
   .... lo que hemos recorrido hasta ahora.

5. Complete los cuadros.

-cia

Ejs.: *1. paciente* *paciencia*
2. inocente   ....
3. violento   ....
4. resistente   ....
5. .... independencia
6. .... inteligencia
7. .... evidencia
8. preferente   ....

-idad

9. *capaz*   *capacidad*
10. honesto   ....
11. difícil   ....
12. fácil   ....
13. .... igualdad
14. .... fealdad
15. .... lealtad
16. feliz   ....

-eza

Ejs.: *17. raro*   *rareza*
18. limpio   ....
19. listo   ....
20. perezoso   ....
21. .... belleza
22. .... riqueza
23. .... certeza
24. duro   ....

-ismo

25. *oportuno*   *oportunismo*
26. pésimo   ....
27. egoísta   ....
28. altruista   ....
29. .... realismo
30. .... idealismo
31. .... nerviosismo
32. egocéntrico ....

6. Complete los cuadros.

-miento

Ejs.: *1. pensar* *pensamiento*
2. aburrir ....
3. mirar   ....
4. sentir   ....
5. .... entendimiento
6. .... movimiento
7. .... nacimiento

-encia

8. *creer* *creencia*
9. competir ....
10. insistir ....
11. obedecer ....
12. .... audiencia
13. .... competencia
14. .... preferencia

-ción

Ejs.: *15. obligar obligación*
16. construir.....................................
17. aparecer ....
18. informar ....
19. .... relajación
20. .... conducción
21. .... excitación

7. Complete el cuadro siguiente.

Ej.: *1. sobrevivir   supervivencia   superviviente*
2. ....   sequía   ....
3. confiar   ....
4. recomendar   ....
5. impresionar   ....
6. ....   resistencia   ....
7. ....   depresión   ....
8. ....   vidente
9. ansiar   ....
10. ....   saliente
11. prever   ....
12. ....   presente
13. traicionar   ....
14. liberar   ....
15. ....   receptor
16. reservar   ....

8. Complete las frases siguientes con una de las palabras del ejercicio anterior.

Ej.: *1. Maribel todavía no se ha repuesto de la impresión que le causó el accidente que vio en la carretera.*

2. El juez ha decretado la .... bajo fianza del acusado.
3. La llave de la habitación tienes que dejarla en .... cada vez que salgas del hotel.
4. El tiempo .... para mañana es de tormentas en la montaña.
5. Después de separarse de su mujer, ha caído en una fuerte .... Nada le hace reaccionar.
6. Le gusta mucho ir a la .... para que le pronostique el futuro.
7. Yo tengo plena .... en mis hijos.

9. Diga de qué nombres o adjetivos se derivan los verbos siguientes:

Ej.: *1. enmudecer*   <u>*mudo*</u>

2. envejecer   ....
3. tranquilizar   ....
4. revolucionar   ....
5. independizar   ....
6. anochecer   ....
7. cristalizar   ....
8. utilizar   ....
9. fortalecer   ....
10. rejuvenecer   ....
11. gotear   ....
12. adelgazar   ....
13. engordar   ....
14. clarificar   ....
15. entristecer   ....

aciertos__ / 14

Tema 20. Puntuación total __ / 147

EXPRESIONES IDIOMÁTICAS

Observe

forma

EJEMPLOS DE EXPRESIONES IDIOMÁTICAS

tirar por la borda	*pasarse el día mano sobre mano*
mirar a alguien por encima del hombro	*estar con el agua al cuello*
no dar ni golpe	*hablar por los codos*
empinar el codo	*hacer la vista gorda*
tirarse de los pelos	*dar en el clavo*

Las **frases hechas y expresiones idiomáticas**, junto con los **refranes, proverbios** y **aforismos**, forman parte del caudal léxico de una lengua, de ahí la importancia de conocer su significado y su uso. La consulta a diccionarios –generales y específicos– se hace imprescindible.

ejercicios

correcciones

1. Relacione cada expresión con su significado.

Ej.: *1. Hacer novillos.*
2. Tener mala pata.
3. Empinar el codo.
4. Hacer la vista gorda.
5. No dar golpe.
6. Dar la lata.
7. Ir con pies de plomo.
8. Al pie de la letra.
9. Echar tierra a algo.

a. Molestar insistentemente.
b. No trabajar.
c. Literalmente.
d. Ser muy precavido.
e. Beber mucho alcohol.
f. Esconder un asunto feo.
g. No tener en cuenta alguna falta.
h. No tener suerte.
i. Faltar a clase.

aciertos___ / 18

2. Sustituya las expresiones subrayadas por otras en las que no aparezca el verbo ECHAR. Haga las transformaciones necesarias.

Ej.: *1. Vamos a echar a suertes quién se encarga de hacer la comida hoy.*
Vamos a <u>sortear</u> quién se encarga de hacer la comida hoy.

2. Cuando llegó a su casa <u>echó en falta</u> la cartera y las llaves del coche.
....

3. No te olvides de <u>echar el cerrojo</u> antes de acostarte.
....

4. Ella, muy enfadada, le <u>echó una mirada fulminante</u>.
....

5. Para cerrar el trato, <u>eche una firma</u> aquí.
....

6. Él, si no <u>echa una hora de siesta</u>, se pone de mal humor.
....

7. Será mejor que tires todo el pescado a la basura. Parece que <u>está echado a perder</u>.
....

8. Mira a ver si hay una gasolinera cerca, tenemos que <u>echar gasolina ya</u>.
....

9. ¡Cómo pasa el tiempo!, sin darnos cuenta <u>se</u> nos <u>han echado encima las Navidades</u>.
....

ejercicios

correcciones

3. Complete las frases que siguen con una de las expresiones del recuadro.

pillar (a alguien) con las manos en la masa	al pie del cañón
con pelos y señales	hacérsele (a alguien) la boca agua
de boca en boca	costar un ojo de la cara
caérsele (a alguien) el pelo	no tener pies ni cabeza
tener pelos en la lengua	dar pie con bola

Ej.: *1. Sofía en su trabajo no descansa nunca, está todo el día <u>al pie del cañón</u>.*

2. Cuando llegó la policía, los ladrones no habían salido y los ....

3. A mi madre no le importa decir siempre lo que siente, no....................

4. A mucha gente, cuando ve el escaparate de una pastelería, ...

5. La prensa fue silenciada y las noticias de la rebelión se propagaron.....

6. Bueno, no hace falta que nos cuentes esa historia tan macabra............

7. Cuando tu madre se entere de que has suspendido cinco asignaturas, prepárate, ...

8. Eso que cuentas es absurdo,....................................

9. No sé qué me pasa hoy, nada me sale bien, no ....

10. ¡Chica, qué coche tan impresionante te has comprado!, seguro que te ....

aciertos___ / 9

4. Averigüe qué significan las expresiones siguientes y escriba un ejemplo de cada una.

Ej.: *1. Hablar (hasta) por los codos: Hablar mucho.*
<u>El profesor ha castigado a Miguel porque en clase habla hasta por los codos</u>.

2. Buscarle tres pies al gato.
....
....

3. En pie de guerra.
....
....

4. No tener un pelo de tonto.
....
....

5. Tomar el pelo.

....

....

6. Empinar el codo.

....

....

7. Levantarse con el pie izquierdo.

....

....

8. Tener malas pulgas.

....

....

9. Ser un caradura.

....

....

10. Estar con el agua al cuello.

....

....

11. Matar el tiempo.

....

....

12. Tener resaca.

....

....

13. Sentar la cabeza.

....

....

14. Metérsele en la cabeza.

....

....

15. Dar en el clavo.

....

....

Tema 21. Puntuación total __ / 17

ACENTUACIÓN

Observe

forma

ESDRÚJULAS	LLANAS	AGUDAS
música	**ár**bol	ca**lor**
médico	**exa** men	pregun**tar**
perió dico	**cri**sis	ca**fé**
sí laba	ven**ta**na	qui**zás**
árboles	ace i**tu**na	casuali**dad**
régimen	**fá**cil	can**ción**

DIPTONGO: vocal abierta + vocal cerrada
vocal cerrada + vocal cerrada
a-**vión**, a-**gua**, fre-**cuen**-cia, ex-pe-**rien**-cia

HIATO: vocal abierta + vocal abierta
ví-**de-o**
vocal cerrada tónica + vocal abierta
rí-o

···· USO ··

En español, las palabras pueden ser tónicas o acentuadas -cuando una de sus sílabas sobresale en intensidad- o átonas o inacentuadas, si ninguna sílaba es más intensa que el resto. Generalmente, son palabras tónicas los nombres, adjetivos, verbos, algunos adverbios y algunos pronombres. Se consideran palabras átonas algunos pronombres, algunos adverbios, los artículos, preposiciones y conjunciones, ya que en la cadena hablada se pronuncian apoyándose en la palabra siguiente:

el **ár**bol; con **a**mor; cuando **quie**ras

Según el lugar de la sílaba tónica, las palabras se dividen en: **AGUDAS**, cuando la sílaba tónica es la última. **LLANAS**, cuando la sílaba tónica es la penúltima y **ESDRÚJULAS** cuando la sílaba tónica es la antepenúltima o la anterior a ésta.

1. REGLAS DE ACENTUACIÓN

– Las palabras **AGUDAS** llevan tilde si acaban en **vocal**, en **-n** o en **-s**:
habl**ó**, recepci**ón**, com**í**, chal**é** , atenci**ón**, caf**és**.

– Las palabras **LLANAS** llevan tilde si acaban en una consonante diferente de **-n** o **-s**:
f**á**cil, m**á**rmol, Gonz**á**lez, c**á**rcel.

– Las palabras **ESDRÚJULAS** deben llevar tilde siempre:
>*ácido, fúnebre, óptimo, legítimo.*

2. MONOSÍLABOS

Las palabras MONOSÍLABAS no llevan tilde, excepto en el caso en que puedan confundirse con otras monosílabas con diferente función. Veamos las más habituales:

-té (nombre)
A mí no me gusta mucho el té.

te (pronombre personal)
Herminia, te quiero.

-sí (pronombre y adverbio)
Vive muy encerrado en sí mismo.
A. ¿Quieres correr?
B. Sí, ya voy.

si (conjunción condicional)
Si quieres comer, ven ahora mismo.

-dé (verbo dar)
Dile a tu hermano que te dé el cuaderno.

de (preposición)
¿De dónde vienes?

-sé (verbo saber y ser)
No sé nada.
Sé buen chico.

se (pronombre personal)
Se llama Felipe.

-mí (pronombre)
¿Esto es para mí?

mi (posesivo)
Mi coche está aparcado ahí.

-él (pronombre)
¿Él no quiere comer?

el (artículo)
El cartero ha traído esto.

3. DIPTONGO E HIATO

Las vocales se pueden agrupar en forma de **DIPTONGO** (dos vocales, una abierta y una cerrada o dos vocales cerradas) y forman una sola sílaba:
>*far-ma-**cia**, **pei**-ne, se-cre-ta-**ria**, a-**gua**.*

Si el acento fónico recae sobre la vocal cerrada, se deshace el diptongo y tenemos un **HIATO**. La vocal sobre la que recae el acento lleva tilde en todos los casos, aunque no le corresponda según las reglas de acentuación:
>***rí-o**, se-cre-ta-**rí-a**, pa-**ís**.*

También se considera **HIATO** la combinación de dos vocales abiertas. En este caso, se siguen las reglas de acentuación ordinarias:
>*ca-**ó**-ti-co, le-**ó**n, hé-**ro-e**.*

4. PALABRAS COMPUESTAS

Las **palabras compuestas** llevan tilde en los siguientes casos:
>a) **Verbo + pronombre**.
>>– Si el verbo lo llevaba aisladamente:
>>>**Déme** *esos papeles.*
>>– Si la unión del verbo y el pronombre (o pronombres) da lugar a una palabra esdrújula:
>>>**Dámelo**, *por favor.*

b) **Adverbios en -mente.**

Llevan tilde si el adjetivo original la lleva:

fácil + mente ───────► **fácilmente**

5. INTERROGATIVOS Y EXCLAMATIVOS

Los **pronombres, adjetivos y adverbios interrogativos o exclamativos** llevan tilde, tanto en oraciones interrogativas directas como indirectas:

¿Cuándo vendrá Ángeles?
Pregúntale que dónde vive.
Dile cómo te llamas.
No sé cuánto vale.

ejercicios

correcciones

1. Lea en voz alta las palabras siguientes y observe cuál es la sílaba más intensa. Subráyela. Ponga tilde donde sea necesario. Las palabras están agrupadas siguiendo unos criterios, ¿puede decir cuáles?

Ej.: *1. arroz   reloj   rapidez   cartel   verdad   receptor*

Son todas agudas y no llevan tilde porque ninguna termina en vocal, N o S.

2. minimo   organo   tipico   escribelo   video   cardiologo

3. volvieron   vino   olvido   opio   bigote   hablo

4. vendria   rio   heroina   Maria   ahi   mio

5. tambien   nacion   despues   detras   volvio   alli

6. lapiz   util   automovil   dificil   Perez   marmol

aciertos__ / 30

2. Separe en sílabas las palabras siguientes y señale los HIATOS y DIPTONGOS.

Ej.: *1. radio. ra-dio. Diptongo.*

2. persiana ....
3. diciembre ....
4. alegría ....
5. óleo ....
6. cruel ....
7. guión ....
8. paella ....
9. opio ....
10. escuela ....
11. oído ....
12. cliente ....
13. peine ....
14. vuelvo ....
15. país ....
16. lío ....
17. infiel ....
18. actuación ....
19. correos ....

3. Piense qué tipo de palabras son las siguientes y si llevan tilde o no.

Ej.: *1. calor. Aguda, sin tilde.*

2. azul. ....
3. calido. ....
4. regimen. ....
5. examen. ....
6. detras. ....
7. carnaval. ....
8. pan. ....
9. fue. ....
10. arboles. ....
11. japones. ....
12. japonesa. ....
13. rapidez. ....
14. tomaron. ....
15. canciones. ....
16. libreria. ....
17. pildora. ....
18. caracter. ....
19. bebio. ....
20. renovar. ....
21. nariz. ....
22. estupido. ....
23. tuvo. ....
24. tipico. ....
25. sofa. ....

4. En las frases siguientes hemos quitado las tildes. Repóngalas donde sea preciso.

> Ej.: *1. A. ¿Quieres venir conmigo?*
> *B. Sí, ahora voy.*

2. Sal a la calle para que te de el aire.
3. Hablame de Daniel, hace mucho que no se nada de el.
4. A mi no me han traido nada los Reyes Magos.
5. Toma, esto es para ti y esto para mi.
6. El que haya terminado, que levante la mano.
7. ¿Te has tomado el te?
8. Trabaja con el en el mismo edificio.
9. Yo lo se porque el mismo me lo ha dicho.
10. Si tienes prisa, cuando el operado vuelva en si, te puedes ir.
11. Yo creo que si que me ha visto, pero no ha querido saludarme.
12. Antes de salir de su casa, su abuela le dijo: "se siempre tu misma".

5. En las frases siguientes acentúe las palabras subrayadas que lo necesiten.

> Ej.: *1. ¿Con cuánto dinero te has quedado?*

2. El que sepa la verdad, que la diga.
3. No sé que le pasa.
4. Hazlo como yo te digo.
5. ¿El pueblo en el que naciste está cerca de aquí?
6. Dime que has hecho en toda la mañana.
7. ¿Sabes que te he estado buscando?
8. Yo no sé que quieres.
9. ¡Que tengas suerte!
10. ¿El hotel donde habéis estado es muy caro?
11. ¡Que desastre!
12. Cuando llegues, escribe o llama por teléfono.
13. ¿En que hotel habéis estado?
14. ¿Conoces algún sitio donde comer bien?
15. Pregunta quien ha llegado primero.
16. No sé por que tienes las ventanas cerradas.
17. En cuanto venga el médico, le diré que pase por su casa.
18. Pregúntales que donde han estado de vacaciones.
19. ¿Que dices? ¿Que yo no sé conducir? Tú sí que no tienes ni idea.
20. ¿Quien ha dicho que mañana no hay clase?
21. Dice el refrán que "quien bien te quiere, te hará llorar".

ejercicios

correcciones

6. En las frases siguientes, acentúe las palabras que lo requieran,

Ej.: *1. Si puede, mañana Eugenia irá a tu casa.*

2. No olvideis que teneis que estudiar la leccion.
3. Aunque tuvieramos razon, tendriamos que callarnos.
4. Antes escribia siempre con boligrafo, pero ahora prefiero el ordenador.
5. El primer libro que leyo fue *Las Mil y una noches.*
6. El creia que yo tenia la culpa del accidente.
7. Todavia no se puede hablar de exito o fracaso.
8. Actualmente los embalses estan llenos del agua caida durante el invierno.
9. Dejame tu boligrafo, no se donde he puesto el mio.
10. ¡Que calor hace aqui!
11. ¿Conoceis el ultimo disco de Rosa Leon?
12. El niño saludo timidamente cuando se lo mandaron.
13. Miralo, alli esta el coche de Sara.
14. La vegetacion en la parte Sur es mas frondosa y agradable.

7. Acentúe las palabras que lo requieran.

1. invitacion ....
2. nordico ....
3. hipotesis ....
4. oir ....
5. autor ....
6. gracias ....
7. ridiculo ....
8. pajaros ....
9. comite ....
10. abogados ....
11. tren ....
12. maquina ....
13. llovio ....
14. avisar ....
15. debia ....
16. increible ....
17. habitacion ....
18. jamas ....
19. salis ....
20. linea ....
21. almacen ....
22. teoria ....
23. ciudad ....
24. miedo ....
25. carcel ....
26. simbolo ....
27. museo ....
28. pidio ....
29. ibais ....
30. crimen ....

8. En los párrafos siguientes, acentúe las palabras que lo requieran.

a) Cuando vivia en Valencia vino a verme un colega que se llamaba Andres Gonzalez. Llego para un dia, pero estuvimos hablando todo un fin de sema-na. Me caia bien, asi que le invite a tocar la guitarra conmigo. Aquel fue su debut, en un cafe. Su actuacion fue tan intensa que parecia estar dejando atras toda su vida. Toco cinco canciones sin mirar atras ni una sola vez.

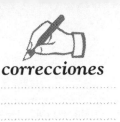
b) Mi hija Paula entro en coma el 6 de diciembre de 1991 y murio exacta-
mente un año despues. Durante el tiempo que permaneci a su lado en un
hospital de Madrid, llene varios cuadernos con todo lo que pensaba con-
tarle cuando despertara... Cuando despues de morir mi hija, llego ese dia,
me hallaba todavia en estado de "shock". Mi nuera, mi hijo y mi marido me
dijeron: sientate y escribe cualquier cosa, porque, al menos, seran unas
horas sustraidas al llanto. (ISABEL ALLENDE en *Blanco y Negro*.)

c) El escritor Gabriel Garcia Marquez habia experimentado una mala racha
de cuatro años y no habia conseguido publicar ni una sola obra literaria. Un
dia se fue de vacaciones con su mujer y dos hijos. Entonces, en la carretera entre Ciudad de Mexico y Acapulco, descubrio para su sorpresa que era
capaz de recitar palabra por palabra el libro que habia querido escribir
desde que tenia 15 años. ... "*Cien años de soledad* fue como una explosion",
recuerda, "Cuando escribi mis libros siempre tuve la sensacion de que fal-
taba algo, pero no sabia el que. Solo sabia que queria escribir un libro en el
que pasase de todo." (EL PAÍS.)

aciertos__ / 29

A P É N D I C E

CORRESPONDENCIAS TEMPORALES ENTRE ORACIÓN PRINCIPAL Y ORACIÓN SUBORDINADA EN SUBJUNTIVO

1. Regla general.

ORACIÓN PRINCIPAL

Condicional simple ⟶ **Pretérito Imperfecto de Subjuntivo**

Me gustaría · *que vinieras a mi casa.*
No trabajaría ahí · *aunque me pagaran bien.*
Me compraría el coche · *si tuviera bastante dinero.*

ORACIÓN SUBORDINADA

2. Oraciones Finales (para que...).

ORACIÓN PRINCIPAL · ORACIÓN SUBORDINADA

a.
Presente
Pretérito Perfecto } **Presente de Subjuntivo**
Futuro

Vengo / He venido / Iré · *para que me devuelvan el dinero.*

b.
Pretérito Perfecto
Pretérito Indefinido
Pretérito Imperfecto } **Pretérito Imperfecto de Subjuntivo**
Pretérito Pluscuamperfecto

He venido / vine / venía / había venido · *para que me devolvieran el dinero.*

3. Oraciones Adjetivas de Relativo.

ORACIÓN PRINCIPAL · ORACIÓN SUBORDINADA

a.
Presente
Pretérito Perfecto } **Presente de Subjuntivo**
Futuro

No veo / he visto / veré a nadie · *que tenga el pelo blanco.*

b.
Pretérito Perfecto
Pretérito Imperfecto } **Pretérito Imperfecto de Subjuntivo**
Pretérito Indefinido } **Pretérito Pluscuamperfecto de Subjuntivo**
Pretérito Pluscuamperfecto

Han buscado / buscaban / buscaron / } *que tuviera el pelo blanco /*
habían buscado a alguien } *que hubiera visto al asesino.*

4. Oraciones Sustantivas (Me gusta que... Es mejor que... Estoy harto de que... No creo que...).

ORACIÓN PRINCIPAL · ORACIÓN SUBORDINADA

a.
Presente
Pretérito Perfecto } **Presente de Subjuntivo**
Pretérito Perfecto de Subjuntivo
Pretérito Imperfecto de Subjuntivo
Pretérito Pluscuamperfecto de Subjuntivo

No estoy / no he estado seguro de } *que vengan.*
que hayan venido.
que vinieran.
que hubieran venido.

b.
Pretérito Perfecto
Pretérito Imperfecto } **Pretérito Imperfecto de Subjuntivo**
Pretérito Indefinido } **Pretérito Pluscuamperfecto de Subjuntivo**
Pretérito Pluscuamperfecto

No he estado / no estaba / no estuve / } *que vinieran.*
no había estado seguro de } *que hubieran venido.*

c.
Futuro Imperfecto ⟶ **Presente de Subjuntivo**
Será mejor · *que vuelvas pronto.*

Ejercicios complementarios sobre textos narrativos

1. Ponga el verbo que aparece entre paréntesis en el tiempo y modo más adecuados.

A) José Espinosa es fotógrafo de turistas, trabaja en la isla de Tabarca, cerca de Alicante. José Espinosa, Pepe el Foto, *(LLEGAR)* ....1........ a la isla hace 22 años. Le *(ACOMPAÑAR)* ....2........ su mujer y sus tres hijos, sus cámaras fotográficas y poco más. *(VENIR)* ....3........ dispuesto a poner en práctica un método revolucionario recién aprendido en Barcelona: el revelado rápido." *(EMPEZAR, yo)* ....4........ a utilizarlo en bodas y comuniones, primero en Barcelona y luego en Alicante. *(SER)* ....5........ un buen negocio porque *(COMPRAR)* ....6........ el padrino, la madrina, los novios y los invitados, sin importarles el precio." Cuando *(ESTABLECERSE)* ....7........ en la isla, los visitantes *(LLEGAR)* ....8........ los martes, jueves y sábados a bordo de una barca que *(SALIR)* ....9........ de Santa Pola. Antes del mediodía *(TENER, ellos)* ....10........ que abandonar la isla. Recuerda el fotógrafo que en los primeros años del negocio *(VENDER)* ....11........ todas las fotos que *(HACER)* ....12........ y le *(PEDIR)* ....13........ copia. Ahora, aunque el número de turistas *(MULTIPLICARSE)* ....14........ , ya no *(COMPRAR)* ....15........ todas las fotos. "Desde hace 10 años el negocio *(CAMBIAR)* ....16........ mucho y ahora *(SACAR, nosotros)* ....17........ el sueldo y poco más."

El País (extracto).

José Espinosa
FOTÓGRAFO

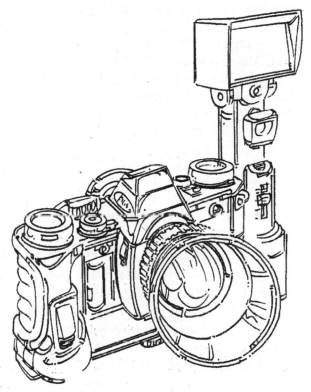

B) Yo *(ESTAR)* ....18........ jugando a las chapas con mi hermano pequeño delante de la puerta de casa cuando el hombre *(APARECER)* ....19........ . (...)

El recién llegado no *(TENER)* ....20........ un aspecto amenazador, pero por si acaso, *(COGER, YO)* ....21........ de la mano a mi hermanito.

Al oírme llamar a mi madre, *(DAR, él)* ....²²........ un respingo. *(EXTENDER, él)* ....²³........ hacia mí un dedo tembloroso y dijo:

-Tú debes de ser mi hija.

(QUEDARSE, yo) ....²⁴........ estupefacta. Por las medias palabras que *(IR)* ....²⁵........ cogiendo de aquí y de allá, yo *(PENSAR)* ....²⁶........ que mi padre *(ANDAR)* ....²⁷........ por América. Pero por lo visto no *(SER)* ....²⁸........ así, ahora resultaba que mi padre *(SER)* ....²⁹........ militar y que *(VENIR)* ....³⁰...... de la guerra, porque de ahí *(SER)* ....³¹....... de donde *(VENIR)* ....³²........ todos los soldados, ahí era a donde *(IRSE)* ....³³........ cuando *(ABANDONAR)* ....³⁴........ sus hogares, yo lo *(VER)* ....³⁵........ mil veces en las películas de la tele y en el cine del pueblo: los hombres *(IRSE)* ....³⁶........ a la guerra y las niñas *(QUEDARSE)* ....³⁷........ en las casas esperando. Cómo no se me *(OCURRIR)* ....³⁸........ antes esa explicación, por eso *(MARCHARSE)* ....³⁹........ , ahora todo resultaba lógico y *(ESTAR)* ....⁴⁰........ claro.

-He vuelto- dijo el hombre.

(PARECER, a mí) ....⁴¹........ una frase tonta e innecesaria, pero se la *(PERDONAR)* ....⁴²...... porque *(ESTAR)* ....⁴³........ dispuesta a empezar bien la relación.

Un cuento triste (fragmento). Rosa Montero. *El País semanal.*

C) ...*(NACER, yo)* ....⁴⁴........ en el centro de Sevilla, en un corral típico que *(LLAMARSE)* ....⁴⁵........ el "Corral trompero". La verdad es que *(FORMAR, nosotros)* ....⁴⁶........ una gran familia. Mi padre *(TRABAJAR)* ....⁴⁷........ en lo que *(PODER)* ....⁴⁸........ , como todos los andaluces. *(SER)* ....⁴⁹........ albañil, vendedor ambulante, fotógrafo y hasta bombero, porque en Andalucía la postguerra *(SER)* ....⁵⁰........ durísima. Recuerdo haber pasado muchísimas necesidades, aunque no *(CONOCER)* ....⁵¹........ el hambre, ya que pan para migar *(HABER)* ....⁵²........ en cualquier sitio. Sin embargo, *(CONSERVAR, yo)* ......⁵³....... el sabor de una infancia feliz, rodeada de cariño, con aquellos patios de flores y aquellos olo-

res que todavía *(LLEVAR)* ....⁵⁴........ dentro. ....Hasta que un día mi padre *(COMPRAR)* ....⁵⁵........ una radio. (...)

...mientras las otras niñas *(JUGAR)* ....⁵⁶........ , yo *(BAILAR)* ....⁵⁷........ en un rincón de la cocina. Y lo *(HACER)* ....⁵⁸........ como me *(SALIR)* ....⁵⁹........, porque nunca *(VER)* ....⁶⁰........ bailar a nadie. *(VIVIR)* ....⁶¹........ en un barrio del centro de Sevilla donde no *(HABER)* ....⁶²........ manifestaciones artísticas, como en Triana o en la Macarena. (...)

Y yo *(SEGUIR)* ....⁶³........ bailando sin que me *(VER)* ....⁶⁴........ nadie, porque me *(DAR)* ....⁶⁵........ una vergüenza terrible.

Entrevista a Cristina Hoyos (fragmento). *Blanco y Negro.*

D) Laura, una joven ejecutiva, *(DEBER)* ....⁶⁶........ trasladarse hace unas semanas de Bogotá a Frankfurt en viaje de negocios. En vísperas del viaje la *(LLAMAR)* ....⁶⁷........ una querida amiga de la infancia que *(CASARSE)* ....⁶⁸........ pocos días antes tras un noviazgo relámpago.

-Necesito pedirte un favor- le dijo-. Jorge, mi marido *(DEBER)* ....⁶⁹........ enviarle un encargo a su hermana, que *(VIVIR)* ....⁷⁰........ en Frankfurt. No es nada que *(OCUPAR)* ....⁷¹........ espacio, no te preocupes: un paquete que *(PESAR)* ....⁷²........ poco y *(SER)* ....⁷³........ más pequeño que un libro.

Laura *(ACEPTAR)* ....⁷⁴........ con todo gusto, encantada de hacerle un favor a su amiga: *(LLEVAR)* ....⁷⁵........ el paquete de Jorge a su hermana. Horas antes de su salida, la amiga *(ACERCARSE)* ....⁷⁶........ a su casa y le *(ENTREGAR)* ....⁷⁷........ el objeto. A punto de despedirse le *(COMENTAR)* ....⁷⁸........ :

-No *(TENER)* ....⁷⁹........ ni idea qué *(SER)* ....⁸⁰........ lo que *(IR)* ....⁸¹........ allí. Son cosas de Jorge y su hermana. Pero, al entregármelo, él me *(RECOMENDAR)* ....⁸²........ que no lo *(ABRIR)* ....⁸³........ porque *(PODER)* ....⁸⁴........ ser muy desagradable.

Un paquete para Laura. Daniel Samper Pizano. Dominical de *Diario 16.*

2. Complete el cuento escribiendo en los huecos uno de los verbos del recuadro en el tiempo y modo adecuado.

La tortuga gigante

tener	dar	enfermar (2)	vivir	ser	haber	estar	poder	querer	decir (2)

...........[1]........... una vez un hombre que ....[2]......... en Buenos Aires y ....[3]......... muy contento porque ....[4]......... un hombre sano y trabajador. Pero un día ....[5]......... , y los médicos le ....[6]......... que solamente yéndose al campo ....[7]......... curarse. Él no ....[8]......... ir porque ....[9]......... hermanos chicos a quienes ....[10]......... de comer; y ....[11]......... cada día más. Hasta que un amigo suyo, que era director del Zoológico, le ....[12]......... un día:

querer	ser (2)	irse	tener	dar	curarse	cazar	poder

-Usted ....[13]......... amigo mío, y ....[14]......... un hombre bueno y trabajador. Por eso ....[15]......... que ....[16]......... a vivir al monte, a hacer mucho ejercicio al aire libre para ....[17]......... . Y como usted ....[18]......... mucha puntería con la escopeta, ...[19]......... bichos del monte para traerme los cueros, y yo le ....[20]......... plata adelantada para que sus hermanitos ....[21]......... comer bien.

irse	aceptar	hacer (3)	cocinarse	comer (1)	dormir	vivir	construir	cazar

El hombre enfermo ....[22]......... , y ....[23]......... a vivir al monte, lejos. ....[24]......... allá mucho calor, y eso le ....[25]......... bien. ....[26]......... -solo en el bosque, y él mismo ....[27]......... . ...[28]......... pájaros y bichos del monte, que ....[29]......... con la escopeta, y después ....[30]......... frutas. ....[31]......... bajo los árboles, y cuando ....[32]......... mal tiempo ....[33]......... en cinco minutos una ramada con hojas de palmera.

tener (4)	lanzarse	lanzar	cazar	estar	ver	hacer	romper	apuntar	querer

El hombre ....34.......... otra vez buen color, ...35.......... fuerte y ....36.......... apetito. Precisamente un día en que ....37.......... mucha hambre, porque ....38.......... dos días que no ....39.......... nada, ...40.......... a la orilla de una gran laguna un tigre enorme que ....41.......... comer una tortuga. Al ver al hombre, el tigre ....42.......... un rugido espantoso y ....43.......... de un salto sobre él. Pero el cazador, que ....44.......... una gran puntería, le ....45.......... entre los ojos y le ....46.......... la cabeza.

ir	ser (2)	tener (3)	estar	pesar	acercarse	ver	sentir	llevar (2)	vender	sacar

-Ahora- se dijo el hombre ....47.......... a comer tortuga, que ....48.......... una carne muy rica. Pero cuando ....49.......... a la tortuga, ...50.......... que ....51.......... ya herida, y ....52.......... la cabeza casi separada del cuerpo. A pesar del hambre que ....53.......... , el hombre ....54.......... lástima de la pobre tortuga y la ....55.......... arrastrando con una soga hasta su ramada y le ....56.......... la cabeza con tiras de tela que ....57.......... de su camisa. La ....58.......... arrastrando porque la tortuga ....59.......... inmensa, tan alta como una silla, y ....60.......... como un hombre.

pasar	curar	sanar	dar	quedar

La tortuga ....61.......... arrimada a un rincón, y allí ....62.......... días sin moverse. El hombre la ....63.......... todos los días, y después le ....64.......... golpecitos con la mano sobre el lomo.
La tortuga ....65.......... por fin.

Adaptado de Horacio Quiroga.

3. Complete el texto con uno de los verbos del recuadro en el tiempo adecuado.

presentarse	obtener (3)	ser (2)	aparecer	nacer	publicar
residir	vivir	comenzar	doctorarse	licenciarse	cursar

MARIO VARGAS LLOSA

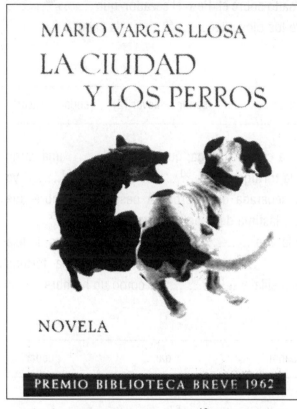

Mario Vargas Llosa ....1........ en Arequipa, Perú, en 1936. ....2...... sus primeros estudios en Cochabamba, Bolivia, y los secundarios en Lima y en Piura. ....3.......... en Letras en la Universidad de San Marcos de Lima y ....4.......... por la de Madrid. ....5.......... durante algunos años en París y posteriormente en Londres y Barcelona.

Su carrera literaria ....6...... con la publicación de la novela *La ciudad y los perros*, que ....7.......... el «Premio Biblioteca Breve» de 1962 y el «Premio de la Crítica» de 1963 y que ....8.......... casi inmediatamente traducida a una docena de lenguas. En 1965 ....9.......... su segunda novela, *La casa verde*, que ....10.......... asimismo el «Premio de la Crítica» de 1966 y el «Premio Internacional de Literatura Rómulo Gallegos» a la mejor novela en lengua española publicada en los cinco últimos años precedentes, en 1967. ....11.......... también *Conversación en La Catedral (1969); Pantaleón y las visitadoras (1973); La guerra del fin del mundo;* ....12.......... autor de varias obras de teatro y numerosos ensayos, el más famoso *Gabriel García Márquez: historia de un deicidio.*

Después de una breve incursión en la política - ....13.......... como candidato para la presidencia de Perú y fue derrotado- ....14.......... la nacionalidad española y ....15.......... en nuestro país desde 1995.

4. En el texto que va a leer hemos suprimido algunos verbos y nexos. Rehaga el texto con la ayuda de la información de los recuadros. (A= números, B= letras)

A

presentar	multiplicarse	oír	soler	reprochar	suponer
introducir	llegar	enterrar	ver	significar	atravesar
ser (4)	velar	dar	seguir	unificar	llevar

B

Además	Gracias a	Tras	Por último	pues	a veces	A partir de ahí

CAMINO DE SANTIAGO

El peregrinaje medieval

Hay leyendas que acaban por perderse en el transcurso de los tiempos y otras que, más afortunadas, logran convertirse en las bases de auténticos fenómenos sociológicos. Una de estas fue la que creó y desarrolló el Camino de Santiago.

La leyenda comenzó durante los reinados de Carlomagno en Centroeuropa y Alfonso II en Asturias, a finales del s.VIII, al propagarse en todo el Occidente cristiano la noticia de que en el extremo más remoto de la Península Ibérica, en tierras de Galicia, estaba enterrado Santiago el Mayor, uno de los doce apóstoles.

El origen de la leyenda

La manera en que el cuerpo del Apóstol ....1......... a Galicia y la certidumbre del lugar donde ....2......... no tienen gran interés, ...a......... lo que realmente cuenta son las consecuencias que la leyenda originó.

El primer paso lo ....3......... el obispo Teodomiro que, dando por buenas las noticias que hablaban de que un monje había encontrado la tumba del apóstol, construyó un templo sobre el sepulcro. ....b........., las noticias sobre prodigios, apariciones y milagros se ....4........., haciendo aumentar cada vez más la fama y el prestigio de Santiago de Compostela como centro de peregrinación.

.........c......... numerosos documentos, restos arqueológicos, iglesias, reliquias y sobre todo al Códice Calixtino, escrito por el clérigo francés Aimerico Picaud, actualmente podemos conocer lo que ....5......... Santiago, los itinerarios que ....6......... los peregrinos, y anécdotas de muchos viajes.

«El Camino»

Los itinerarios que ....7......... a Santiago eran muchos, pero el más conocido es el que aparece en el Códice. En él se habla de cuatro itinerarios por tierras francesas que ....8......... los Pirineos por dos lugares, Somport y Roncesvalles. . . . . d . . . . pasar Pamplona, se . . . . 9 . . . . en Puente de la Reina y, desde allí, ya convertido en un solo camino, se dirigía por tierras de La Rioja, Burgos, Palencia y León, hasta Santiago de Compostela. La peregrinación . . . . 10 . . . . una práctica arraigada en el mundo cristiano, especialmente a los Santos Lugares como Belén y Jerusalén. Los motivos que impulsaban a miles de peregrinos a aventurarse en largos, costosos, inseguros e incómodos viajes . . . . 11 . . . . muy diversos. Los había a los que tan sólo les movía interés religioso; otros cumplían promesas hechas en momentos difíciles de sus vidas; . . . . e . . . . el peregrinaje respondía a la imposición de una pena canónica o, incluso, al pago de una pena impuesta por la justicia. . . . . f . . . ., tampoco faltaban los auténticos aventureros en busca de nue-vas experiencias.

Durante el camino, los peregrinos . . . . 12 . . . . utilizar las hospederías públicas y las posadas, donde des-cansaban y convalecían de alguna enfermedad. El abuso de los precios . . . . 13 . . . . una práctica normal. A los posaderos se les . . . . 14 . . . . servir vino malo, dar mal de comer y practicar intercambios comerciales deshonestos. Los robos . . . . 15 . . . . bastante comunes.

La llegada

La llegada a Santiago . . . . 16 . . . . un motivo de júbilo extraordinario. Desde el Monte del Gozo, el pere-grino . . . . 17 . . . . las altas torres de la catedral, después de días, y a veces meses, de penoso caminar. Una vez en la ciudad, ... 18 . . . . en la catedral durante toda la noche y, a la mañana siguiente, ... 19 . . . . las ofrendas al apóstol y . . . . 20 . . . . la santa misa. La recompensa era la absolución de sus pecados, bien en parte o en su totalidad.

El Camino tuvo repercusiones importantes en los reinos de Navarra, Castilla y León. . . . . 9 . . . . de traer prosperidad, el Camino de Santiago . . . . 21 . . . . en la Península Ibérica la cultura y el arte romá-nico.

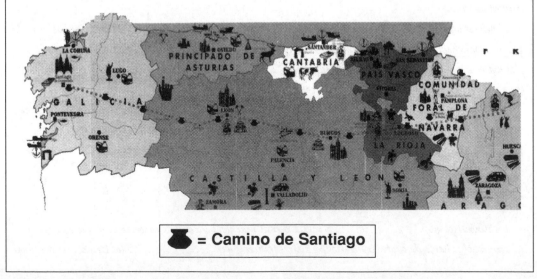

= Camino de Santiago